学ぶ人は、変えてゆく人だ。

目の前にある問題はもちろん、

人生の問いや、

社会の課題を自ら見つけ、

挑み続けるために、人は学ぶ。

「学び」で、

少しずつ世界は変えてゆける。

いつでも、どこでも、誰でも、

学ぶことができる世の中へ。

旺文社

JN248498

大学入試

全レベル問題集
英語リスニング

河合塾講師 坂本浩 著

② 共通テストレベル

はじめに

　『大学入試 全レベル問題集 英語リスニング』シリーズは，レベル１〜３の３段階で構成されています。リスニングの基礎から，共通テスト・私大中堅レベル，さらには難関大に出題される問題まで，すべてのレベルの問題がそろっているので，皆さんの実力に合った１冊からリスニング対策を始めることができます。

　大学入試で出題されるリスニング問題で最も多いのは，アナウンスメントやストーリー，講義などのモノローグや会話を聞いて，その内容についての質問に答える形式です。テスト用紙に質問が書いてある問題もあれば，質問はテスト用紙にはなく，音声で流れる問題もあります。いずれにしても，皆さんは，会話やモノローグを聞いて，そこに含まれる情報を正確に聞き取り，その一部を質問という形で確かめられるわけです。ですから，リスニング問題では，音声を正確に聞き取るだけでなく，聞き取った内容をメモしたり，選択肢にチェックを入れたりしながら情報を整理し，必要な項目を取捨選択する力が必要になります。音声を聞く前に質問や選択肢を読んでおくことができれば，音声を聞いてどのような情報を聞き取ればよいのかが明確になるので，そうした練習も必要になるでしょう。

　音声面の習得という点から言うと，聞き取ることばかりに神経がいきがちですが，まず行っていただきたいのは，サンプル音声と同じように発音できるようになる練習です。意味を考えつつ，１つ１つの音，リズムを正確にまねて，それを何度も繰り返す練習を積んでいただきたいと思います。本シリーズに掲載された例題や練習問題は，そうした繰り返しの音読練習に向いた，英語の音声の基礎を習得でき，かつ内容的にも興味深いものを選定してあります。問題を一度解いて終わりにせずに，すでに理解した英文について，付属の音声を利用し，それに合わせて何度もシャドーイングや音読練習，ときにはディクテーションをすることで，皆さんのリスニング力がレベルアップしていくことでしょう。この問題集が皆さんの英語力向上に役立つことを心から願っています。

坂本　浩

目　次

著者紹介：**坂本 浩** (さかもと ひろし) ────────

河合塾講師。著書に『英文で覚える 英単語ターゲットR 英単語ターゲット 1400 レベル [改訂版]』(旺文社) など。東京外国語大学英語科卒業。東京大学大学院総合文化研究科・言語情報科学専攻博士課程単位取得退学。専門は日・英の語彙意味論。

協力各氏・各社

装丁デザイン：ライトパブリシティ

本文デザイン：内津 剛 (及川真咲デザイン事務所)

校正：Jason A. Chau ／入江 泉／石川道子

イラストレーション：駿高泰子

録音・編集：ユニバ合同会社

ナレーション：Christiane Brew ／ Simon Loveday ／ Jack Merluzzi ／ Jenny Skidmore ／細谷美友

編集協力：有限会社アリエッタ

編集担当：赤井美樹

本シリーズの特長

『全レベル問題集 英語リスニング』には，以下の特長があります。

1. 志望校別のレベル設定

長年『全国大学入試問題正解 英語リスニング』（旺文社）に携わり，大学入試の
リスニング問題を分析してきた著者が，レベル別に適した問題を選び，取り組みや
すいものから順に構成しました。

2. 実践的な問題

問題は最新の入試過去問題から厳選，または新たに作成して掲載しています。設
問形式は各レベルの入試で頻出のものに対応しているので，効率よく対策ができま
す。

3. 丁寧な解説

スクリプトの中で解答の根拠となる箇所を示すなど，すべての設問をわかりやす
く，丁寧に解説しているので疑問が残りません。

4. 簡単・便利な音声

音声は QR コードやアプリを使って簡単に再生することができ，ストレスなく学
習できます。

5. 音声と誌面で復習をサポート

全問題の英文音声を音読やディクテーションに使いやすい形に再編集した「ト
レーニング用」音声が付属しています。巻末のスクリプトと併せて復習に活用でき
ます。

志望校レベルと『全レベル問題集 英語リスニング』シリーズのレベル対応表

※掲載の大学名は活用していただく際の目安です。

本書のレベル	各レベルの該当大学
① 基礎レベル	高校基礎〜大学受験準備
② 共通テストレベル	共通テストレベル
③ 私大・国公立大レベル	**[私立大学]** 青山学院大学・国際基督教大学・南山大学・関西外国語大学 他 **[国公立大学]** 秋田大学・東京大学・東京外国語大学・一橋大学・新潟大学・大阪大学・神戸市外国語大学・福岡教育大学・熊本県立大学

本書の使いかた

1. 例題で特徴をつかむ

　リスニング試験で聞き取る英文のタイプによって章が分かれています。各章のはじめに，それぞれのタイプで頻出な設問形式を例題として取り上げています。問題を解くときのポイントなどを「こう聞く！」にまとめています。

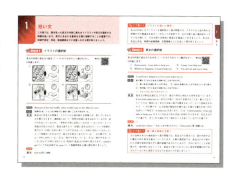

2. 練習問題を解く

　聞き取る英文が同じタイプでも，設問形式や英文の長さなどにはバリエーションがあります。本番の入試でどんな問題が出題されても落ち着いて取り組めるよう，練習問題でさまざまなパターンに触れておきましょう。

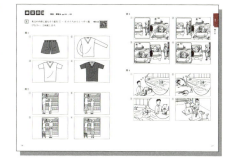

3. 解答・解説を読む

　練習問題の解答・解説は p. 64 以降にあります。解説のうちで特に重要なところは「ここがポイント」として示しています。

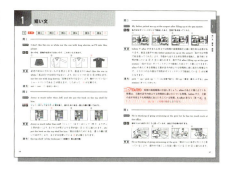

4. 復習する

　巻末には，全問題の英文スクリプトだけを再掲載しています。「トレーニング用音声」には1文ごとにポーズを設けてありますので，音読やディクテーションなどに活用してください。

復習のしかた

● **音読**

　トレーニング用音声の発音をまねて，スクリプトを声に出して読みましょう。

● **シャドーイング**

　トレーニング用音声を聞きながら，すぐあとに続いて繰り返しましょう。

● **ディクテーション**

　スクリプトを見ないでトレーニング用音声を聞き，英文を書き取りましょう。

本書で使用している記号一覧

S	……………	主語
V	……………	述語動詞
O, O₁, O₂	……	目的語
C	……………	補語
to *do*	…………	不定詞
doing	…………	現在分詞・動名詞
done	…………	過去分詞

動	……………	動詞
名	……………	名詞
形	……………	形容詞
副	……………	副詞
前	……………	前置詞
接	……………	接続詞

＊すべての解答・解説・和訳は旺文社が独自に作成しました。

＊問題指示や解答のためのポーズなどは，実際の入試と異なる場合があります。

音声について

　音声は 3 種類の方法で聞くことができます。音声の内容はすべて同じものです。

　トラック番号 28 以降は，問題で聞き取る英文の部分だけを再編集した「トレーニング用」音声です。

● QR コードから聞く

　スマートフォンなどで，トラック番号（◀))01 など）の隣にある QR コードを読み取ってください。

●専用ウェブサイトから聞く

　パソコンから以下のサイトにアクセスし，パスワードを入力してください。

URL：**https://www.obunsha.co.jp/service/zll/2.html**

パスワード：**zllbook2**（アルファベット小文字と数字。すべて半角）

・右の QR コードからもアクセスできます。

・音声ファイルをダウンロードするか，ウェブ上で再生するかを選べます。

注意 ▶ダウンロードについて：音声ファイルは MP3 形式です。ZIP 形式で圧縮されていますので，解凍（展開）して，MP3 を再生できるデジタルオーディオプレーヤーなどでご活用ください。解凍（展開）せずに利用されると，ご使用の機器やソフトウェアにファイルが認識されないことがあります。スマートフォンやタブレットでは音声をダウンロードできません。デジタルオーディオプレーヤーなどの機器への音声ファイルの転送方法は，各製品の取り扱い説明書などをご覧ください。▶音声を再生する際の通信料にご注意ください。▶ご使用機器，音声再生ソフトなどに関する技術的なご質問は，ハードメーカーもしくはソフトメーカーにお願いします。▶本サービスは予告なく終了することがあります。

●スマートフォンアプリで聞く

　「英語の友」で検索するか，右の QR コードからアクセスしてください。
パスワードを求められたら，上と同じパスワードを入力してください。

※ QR コードは株式会社デンソーウェーブの登録商標です。

リスニング問題への取り組み方

　リスニング問題では音声が1, 2回しか流されないため，たとえ英文自体を聞き取れたとしても，音声内容をすべて正確に記憶しておくことは困難になることがあります。このため，まず取り組んでほしいのは，音声が流れる前の数秒から数十秒の時間を使って，質問文と，できれば選択肢を読むという練習です。

■　質問文の先読み

　質問文を読むことで，音声からどのような情報を聞き取ればよいのか，事前に知ることができます。例えば，次のような会話を聞く問題があります。

同窓会で先生が卒業生と話をしています。

M: Hello, Tina. What are you doing these days?

W: Hi, Mr. Corby. I'm busy rehearsing for a musical.

M: Really? When's the performance?

W: It's April 14th, at three. Please come!

M: I'd love to! Oh ... no, wait. There's a teachers' meeting that day, and I can't miss it. But good luck!

W: Thanks.　　　　　　　（令和3年大学入学共通テスト（1月16日実施）第3問 問12）

　この会話には，次のような**複数の情報**が含まれています。

(1) 女性が最近ミュージカルのリハーサルをしていて忙しい。

(2) 女性は4月14日3時にミュージカルの公演を予定している。

(3) 女性は男性に公演に来てほしいと誘っている。

(4) 男性はその日，職員会議があるので公演には行けないと断っている。

　複数の情報が含まれているということは，質問内容がどの情報に関するものかを理解することが重要であることを意味します。例えば，質問が What is Tina busy doing these days?「最近，ティナはどんなことをして忙しくしているか」であれば，上記の (1) から Having a rehearsal for a musical などが答えになると考えられます。もし When does the woman say the musical performance will be?「ミュージカルの公演はいつ行われると女性は言っているか」と質問されれば，(2) から On April 14th などが答えになるでしょう。What does the woman ask the teacher to do?「女性は先生に

何をするようお願いしているか」であれば，（3）から，答えは Come and see the musical のようになるでしょう。このように，質問によってどの情報を引き出せばよいかが変わるのです。この問題の実際の質問と選択肢は次のとおりです。

What does the teacher have to do on April 14th?

① Attend a meeting　② Have a rehearsal

③ Meet with students　④ See the musical

　質問の意味は「先生は 4 月 14 日に何をしなければならないか」ですから，会話から先生（男性）の予定を聞き取ることに集中すればよいわけです。答えは，上記の（4）から，① Attend a meeting です。事前に質問文を読めば，会話の前半の情報は解答に関係ないとわかります。このように，質問文が問題用紙に書かれている場合は，先に読んでおくことで**解答に必要な情報**を把握できるので，正答に至りやすくなります。

■　選択肢の先読み

　選択肢だけ提示され，質問は音声で流れるというタイプの問題もあります。このような場合でも事前に選択肢を読んで［見て］おくことで，**トピックの予測や情報の絞り込みが**しやすくなります。もし選択肢に並んでいる語句が場所に関するものであれば，話されている内容のうち，特に場所の情報に注意して聞くようにすればよいですし，選択肢に金額が書かれている場合には，お金のやりとりに注意して聞けばよいということになります。

　いずれにしても，音声を聞く前に聞き取るべき内容を少しでも把握しておくことが重要なので，本書を利用して，短い時間内に質問文や選択肢を読むという訓練を積んでもらいたいと思います。

共通テストのリスニング問題

　2021 年度に始まった大学入学共通テスト（以下「共通テスト」）では，それ以前の大学入試センター試験とは配点が変わり，**リスニングの比重が大きくなりました**。リーディングの力もリスニングの力もバランスよく身につけることが求められているといえます。リスニング問題を解くという観点からは，次の点をまず押さえましょう。

■　音声の読み上げ回数

　共通テストでは，前半の比較的短い音声の問題は読み上げ回数が 2 回で，後半の比

較的長い音声の問題は1回です（今後変更の可能性もあります）。長い文章の内容をすべて1回の聞き取りで把握するのは難しいので，先に述べたように，事前に質問文や選択肢を読んでおく必要があります。その点は実際の試験においても考慮されていて，後半の問題では音声が流れる前に1分程度，問題文や状況などを読む時間が与えられています。受験生は音声を聞く前にこれらを読み，英文のトピックや，聞き取るべき情報が何であるかをできる限り把握しておくことが求められます。

■ 図表やワークシートを含む問題

共通テストに特徴的な問題である，ワークシートの空所を埋める問題や図表が関係する問題は，読み取るべき情報だけでかなりの量になります。しかしこれは逆にいうと，**事前の読み取りがスムーズにできればできるほど，聞き取るべき情報に集中しやすくなる**ということでもあります。不足している情報をこちらから求めるような気持ちで，音声に耳を傾けることができるようになります。もちろんそれには慣れが必要なので，本書を利用して練習してもらいたいと思います。

音読練習

ここまで，リスニング問題を解くための技術的な話をしてきましたが，こうした解き方を実践するには，基礎となるリスニング力が必要であることは言うまでもありません。リスニング力を身につけるには，やみくもに問題演習をするだけでは不十分で，英語の音声面に注目した訓練が必要となります。

その中でディクテーション（書き取り），シャドーイング（後追い読み），オーバーラッピング（重ね読み）などは，非常に効果的な練習方法であるとはいえ，どちらかというと基礎となるリスニング力がある程度身についている人向けの方法です。リスニングの苦手な人や，基礎を固めたい人にまずやってもらいたいのは，**音読練習**です。音読とは文字通り，文章を声に出して読むことです。英文を自在に音読できるようになれば，聞き取りの力も上がっていくことでしょう。**自分で発することのできる音声は，聞き取れる**ものです。音読練習をすることで，文字情報を音声に変換することが容易にできるようになり，さらには音声と意味を直接つなげることができるようになります。

音読のしかたは，簡単にいえば，「意味を考えながら，ネイティブスピーカーが話す英語本来の音声を再現する」ということになります。ポイントは，「意味を考える」ことと，「**英語本来の音声を再現する**」ことの2つです。音読練習をするときはこの2点

を常に意識して取り組んでください。

意味のとりかた

　英文の意味をすばやく把握するには，瞬時に「意味グループ」をとらえる練習が必要です。意味グループとは「名詞句」や「副詞句」などの語句のかたまり，あるいは《主語＋動詞》や《動詞＋目的語》などの文法的な**意味のまとまり**のことをいいます。

例）I've been interested in collecting old coins since I was a child.
　　「私は子供のころから古いコインを集めることに興味があります」

　上の文を読む際に最後まで読み終わってから，「さてどんな意味かな」という感じでおもむろに意味を考え始めるというのでは，リスニングに応用することはできません。必ず，意味グループに区切りながら，左から右へと，読んでいく順に意味をとらえていかなければなりません。具体的には，

I've been interested / in collecting old coins / since I was a child.

と区切るのが自然でしょう。それぞれのまとまりを読んだら，同時に，または直後に，意味を思い浮かべて，次の語句の意味を予想したり，疑問を持ったりします。それを次々に行うことで，最後まで読んだ時点で文の意味がわかっているという状態を作ることができるのです。この文では，下のような順序です。

I've been interested　⇒「何に興味を持ったのかな？」と疑問を持つ
↓
in collecting old coins
⇒「古いコインを集めることに（ずっと興味があったのだな）」と理解する
↓
since I was a child
⇒「いつからかというと，子供のころから（興味を持っていたのだな）」と理解する

　この作業は慣れるまでは時間がかかる場合もありますが，練習を積むことで，スピードを上げることができます。同じ文を，意味を想起しながらスムーズに読み上げられるようになるまで，繰り返し練習しましょう。この練習の目的は**音と意味をつなげる**ことなので，学習環境が許す限り，黙読ではなく，音読をお勧めします。

発音のしかた

　意味をとりながら音読する練習が重要であることは理解できたと思いますが，発音

に関してはどうでしょうか。正しい発音で読み，リスニング力向上につなげるためには，次のことに注意する必要があります。

■ 子音の発音

cat の t，map の p のような子音単体の発音は，母音を含む「ト（to）」や「プ（pu）」とは異なります。しかし，日本語のカタカナ表記ではこうした子音単体の音を表現することができません。そのため日本語話者は，子音に母音を伴って発音する傾向にあります。例えば cat を「キャット」，map を「マップ」のように発音します。発音に余計な母音が入っていないか気をつけてください。

加えて，英語の子音は，日本語からイメージするよりも，息の量が多めで，勢いよく発せられるのが普通なので，日本人の発する英語は弱弱しく，平たく聞こえることが多いようです。**子音を鋭く強く発するように意識しましょう。**

■ 音節と強勢

①音節

英語話者は音のまとまりを「音節（syllable）」という形で認識します。音節とは，母音1つ，または1つの母音を核とし，その前後に子音を伴った音のまとまりのことをいいます。例えば，冠詞の a（母音1つ），at「母音1つ＋子音1つ」，cat「子音1つ＋母音1つ＋子音1つ」，scat「子音2つ＋母音1つ＋子音1つ」はすべて1音節の単語です。これらは1つの母音を中心として，前後に複数の子音を伴ってもリズム的には1拍ということになります。ちょうど鉛筆などで机を「タン」と1回たたくときのリズムと同じです。日本語の「キャット」は1音節という形で認識することはできませんが，cat は1音節なので1拍で発せられます。

②強勢

母音が複数含まれれば，音節もそれに伴って増えていきます。例えば「ダメージ（損害）」のつづりは damage で，発音は [dǽmɪdʒ] です。この damage は，dam と age の部分でそれぞれ母音を1つずつ含むので，2音節の語となります。リズムをとると「タンタン」という感じになりますが，英語は，2音節以上ある単語はどこかの音節を強く発音しなければならないということを思い出してください。これを「**強勢（stress）**」といいます。強勢が置かれる位置は単語ごとに決まっているので，辞書を引く際には

意味や発音だけでなく，強勢の位置も確認してください。damage は第 1 音節に強勢があるので，「**ダ**・ミッジ」のように「**タン**タ」というリズムで発音されます。日本語の「ダメージ」とはかなり異なる音になります。

単語を発音する際には，音節と強勢を意識しながら発音することが重要です。

■　2 語以上の語のまとまり

2 語以上のフレーズも，できるだけ 1 つの意味グループを 1 語のように発音します。

例）I'll be right back.　「私はすぐに戻ります」

上の文は 4 語で 1 つの意味のまとまりを作っています。これを「アイル，ビー，ライト，バック」のように 1 語 1 語区切って発音することはまれです。このようなフレーズを発音する場合も，音節と強勢という考えを応用することができます。この文の音節数は，I'll，be，right，back がそれぞれ 1 つずつで，計 4 音節です。強勢は，2 語以上のフレーズでは通例，名詞，動詞，形容詞，副詞といった「**内容語**」に置き，冠詞，代名詞，助動詞，前置詞，接続詞といった「機能語」には置きません。この文では副詞の right と back に強勢が置かれます。したがって全体のリズムは「タタ**タン**タ**ン**」で，発音すると「アイウビ**ライ**（トゥ）**バッ**（ク）」のようになります。このように，2 語以上の意味グループも，**音節**と**強勢**を意識して発音することを心がけましょう。

■　音の脱落

上の例の right back において right の語末の t と back の語頭の b がどちらも子音であることに注目してください。このように子音が連続する場合，**前の子音は弱く発音される**傾向にあります。これは，前の子音の発音をしようとするときには，もう次の子音の発音の準備をし始めるために生じる現象です。right の t を発音しようとした瞬間に，back の b の発音の準備が始まるので，結果的に [t] の音の上に [b] の音が覆いかぶさるような形になります。これによって [t] はほとんど聞こえなくなる場合もあります。

以上見てきたように，音読練習をする際には，意味グループを見極めて，左から右へと意味をとりつつ，音節や強勢を意識して英語らしい音を発することを目指してください。本書の英文を利用して，こうしたことに注意しながら音読練習を積んでいけば，英語の音声がよりいっそう聞き取りやすくなっていくことでしょう。

1

短い文

この章では，聞き取った英文の内容に最も合うイラストや英文を選択する問題を扱います。英文に含まれる意味を正確に理解することが重要です。時制や肯定・否定，前後関係などに注意しながら聞き取りましょう。

✓ Check 1　イラストの選択肢

英文の内容に最も合う絵を ① 〜 ④ のうちから 1 つ選びなさい。
2 回流します。

◀))01

①

②

③

④

スクリプト Because of the bad traffic, John couldn't get to the office by nine.

和 訳 渋滞のため，ジョンは 9 時までに会社に着くことができなかった。

解 説 放送文に含まれる情報と，イラストから読み取れる情報とが一致しているものが正解となります。選択肢において「男性が渋滞に巻き込まれているのか，雨の中を走っているのか」，「男性が 9 時に会社にいるのか，いないのか」という相違点が見られます。放送文前半より「渋滞に巻き込まれた」という情報が，後半より「9 時に会社に着くことができなかった→ 9 時に会社にいなかった」という情報がつかめるので，両方が矛盾なく表されている ① が正解です。②は「9 時に会社にいる」，③ は「雨の中を走っている」，④ は「雨の中を走っている」および「9 時に会社にいる」状況が，放送文の内容と異なります。couldn't get という否定表現や by nine という数値情報を正確に聞き取りましょう。

正 解 ①

語 句 bad traffic「渋滞」

こう聞く！ イラストの違いに着目！

英文の内容に合うイラストを選択肢から選ぶ問題では，**イラスト**から読み取れる情報の中の**相違点**を素早くつかむことが重要です。音声を聞く前に選択肢のイラストを点検して，できる限り具体的に相違点を確認しておきましょう。英文は，**肯定と否定，時間の前後関係，位置関係**などに注意して聞き取りましょう。

✔ Check 2　英文の選択肢

英文の内容に最も合うものを ① ～ ④ のうちから１つ選びなさい。　🔊02
2回流します。

① Fortunately, I was able to help you.　　② I hope I can help you.

③ Whatever happens, I cannot help you.　④ You did not ask me to help.

　I could have helped you if you had asked me to.

和 訳　私に頼んでくれたらあなたを助けることができたのに。

　① 幸いあなたを助けることができた。　② あなたを助けることができるといいなと思う。

　③ 何が起ころうとあなたを助けることはできない。

　④ あなたは私に助けを求めなかった。

解 説　放送文は仮定法過去完了の文で，過去の事実と相反する内容を述べています。if you had asked me to「あなたが私に（あなたを助けることを）頼んだなら」というのは，現実には「あなたは私に助けを頼まなかった」という意味を含むので，④ が正解です。to は直前の動詞句の繰り返しを避ける働きを持つ代不定詞という用法で，to help you を表します。① は，Unfortunately, I was <u>not</u> able to help you. のように否定文であれば近い内容になりますが，肯定文なので不適です。② と ③ は過去でなく現在のことを表しているので不適です。

正 解　④

語 句　could have *done*「…することができただろうに」，fortunately 圖「幸運にも」

 こう聞く！ 言い換え表現に注意！

文の意味を英文の選択肢から選ぶ問題では，放送文の全部または一部の内容が**言い換えられた英文**を選ぶことになります。正解の選択肢では，放送文の中で使われた言葉が意味を変えずに**別の表現**で表されているので，それに気づくことが重要です。部分的には正しくても，放送文で述べられていない**余分な情報**が付け足されているために誤答となるものもあるので注意しましょう。

1 英文の内容に最も合う絵を ① 〜 ④ のうちから 1 つずつ選 ◀))03
   びなさい。2 回流します。

問 1

①    ②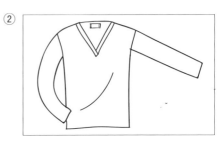

③ 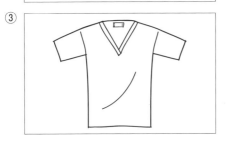   ④

問 2

①    ②

③    ④

問3

① 　②

③ 　④

問4

① 　②

③ 　④

問5

問6

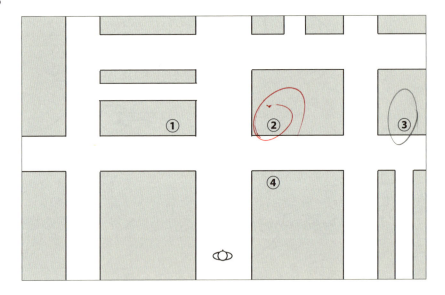

2 英文の内容に最も合うものを ① ～ ④ のうちから 1 つずつ 🔊 04
選びなさい。2 回流します。

問 1　① Ken was told to get more exercise.
　　　② Ken was encouraged to start new eating habits.
　　　③ Ken already started eating less.
　　　④ Ken managed to lose weight.

問 2　① Mary didn't want to go shopping for her husband.
　　　② Mary went shopping with her husband.
　　　③ Mary's husband didn't want to go shopping for her.
　　　④ Mary's husband went shopping instead of her.

問 3　① John was bothered by their music.
　　　② John paid no attention to their music.
　　　③ John played music very loudly.
　　　④ John was listening to loud music.

問 4　① They found the group necessary in society.
　　　② They needed the group to support their community.
　　　③ They set up the group to sell daily necessities.
　　　④ They started the group to help poor people.

問 5　① The police officer caught the thief.
　　　② The police officer lost the thief.
　　　③ The thief couldn't get away.
　　　④ The thief caught the officer.

2 短いダイアローグ

この章では，短い対話と対話の内容に関する質問を聞き，その答えに最も
よく合うイラストや英文，数値などを選ぶ問題を扱います。対話の中で話
が二転三転する場合が多いので，メモをとりながら聞き取りましょう。

☑ **Check 1**　イラストの選択肢

対話とそれについての質問を聞き，その答えとして最も適切なも
のを ① ～ ④ のうちから1つ選びなさい。2回流します。

　男女が町を散歩しながら，話をしています。

① 　②

③ 　④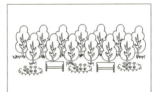

スクリプト　M: Look at the building! It's all made of brick!

W: And I like a low-rise building like this.

M: I agree. I don't want any skyscrapers around here.

W: I wish there were open spaces with a lot of green.

Question: What are they looking at?

和訳　男性：この建物を見てよ！ 全部レンガ造りだよ！

女性：それにこのような低層の建物はいいわね。

男性：そうだね。この辺りに高層ビルは何一ついらないよ。

女性：緑あふれる開けた土地があるといいのに。

質問：彼らは何を見ているか。

解説　彼らが見ているものは，男性の最初の発話より総レンガ造りの建物であること
がわかります。それに続く女性の発話 I like a low-rise building like this「こ

のような低層の建物はいいわね」より，彼らは「レンガ造りの低層の建物」を見ていることになります。したがって ③ が正解です。対話の後半で skyscrapers「高層ビル」や open spaces with a lot of green「緑あふれる開けた土地」などの表現が出てきますが，これらは彼らが見ている建物の描写ではありません。

正解 ③

語句 brick 名「レンガ」，low-rise 形「低層の」，skyscraper 名「高層ビル」

こう聞く！ **書き込みながら聞こう！**

対話の中には**複数の情報**が出てきますので，聞きながら，イラストの中で該当する部分に○や×をつけ，質問の答えに合うものだけを解答として選びましょう。

Check 2 英文・数値の選択肢

対話を聞き，質問の答えとして最も適切なものを ① 〜 ④ のうちから1つ選びなさい。質問は書かれています。1回流します。 ◀))06

男性と女性がバス停で話しています。

What will the man and woman do next?

① They will go across the street.   ② They will leave the cafe.

③ They will take a taxi.   ④ They will wait for the next bus.

スクリプト W: Oh, the bus has just left.

M: When does the next one come?

W: That was today's last one, I'm afraid.

M: Oh, no.

W: So, let's get a cup of coffee at the cafe across the street, and think about what to do.

M: Well, we'll have no choice but to take a taxi. But, OK, I want to eat something there.

和訳 女性：ああ，バスはちょうど出たところだわ。

男性：次のバスはいつ来るの？

女性：残念だけど，あれが今日の最終バスよ。

男性：まいったな。

女性：じゃあ，通りの向こうにあるカフェでコーヒーでも買って，どうすべきか考えましょう。

男性：まあ，タクシーを使うしかないだろうね。でも，そうだね，カフェで何か食べたいな。

質問：男性と女性は次に何をするだろうか。

① 通りを渡る。　　　② カフェを出る。

③ タクシーに乗る。　　④ 次のバスを待つ。

解説 この問題では質問が紙面に書かれていますので，質問を先に読み，それに答えるのに必要な情報を探しながら対話を聞きましょう。ここでは「男女が次に何をするか」と問われているので，その点にのみ集中します。女性の第3発話での let's get a cup of coffee at the cafe across the street, and think about what to do「じゃあ，通りの向こうにあるカフェでコーヒーでも買って，どうすべきか考えましょう」という提案に対し，男性は最後に OK と同意しているので，次に彼らがすることは「（カフェに行くために）通りを渡る」です。したがって ① が正解です。男性は最後に Well, we'll have no choice but to take a taxi.「まあ，タクシーを使うしかないだろうね」と言っていますが，その前にカフェに行くことに同意しているので，③ を選ぶことはできません。また，女性は第2発話で That was today's last one, I'm afraid.「残念だけど，あれが今日の最終バスよ」と言っているので，次のバスを待つことはないとわかります。したがって ④ も不適です。2人はまだカフェに行っていませんので，② ということもありません。

正解 ①

語句 have no choice but to *do*「…するしかない」

🔊 **こう聞く！** ┃ **質問を先に読む**

対話の内容は二転三転することが多いので，あらかじめ**質問を読んでおき，必要な情報を聞き取る**ことに集中しましょう。

 解答・解説 ▶ pp.70 ～ 77

1　対話とそれについての質問を聞き，その答えとして最も適
　切なものを ① ～ ④ のうちから１つずつ選びなさい。２回
　流します。

問1　女子生徒と男子生徒が屋外で話をしています。

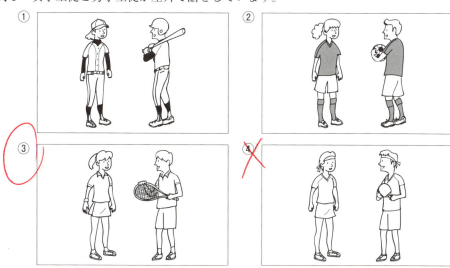

問2　女性が就職の面接を受けています。

問3　女性が男性に道を尋ねています。

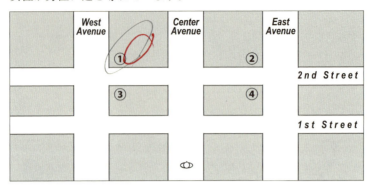

問4　女性が商品をレジに持っていき，会計をするところです。

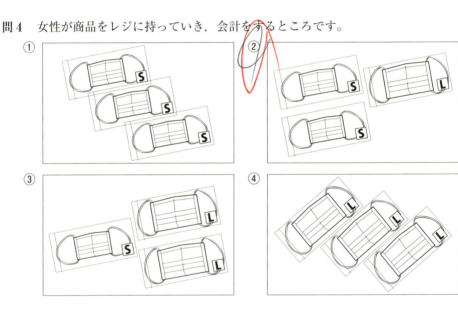

24

2 対話を聞き，質問の答えとして最も適切なものを ① ～ ④ のうちから１つずつ選びなさい。質問は書かれています。 1回流します。

問1 駅のホームで女性が男性に話しかけています。

What will the woman do next?

① Get off the train by the community center.

② Go to the opposite platform.

③ Take the train at track number one or two.

④ Wait only for the train for Kencho-mae.

問2 歯科医院で男性が受付の女性と話しています。

When will the man go to the dentist?

① 9 a.m. on Tuesday.   ② 2 p.m. on Tuesday.

③ 9 a.m. on Wednesday.   ④ 2 p.m. on Wednesday.

問3 弟がテレビでサッカーの試合を見ている姉に話しかけています。

What is happening in the game?

① The Blue Dragons are leading three to one.

② The Blue Dragons are leading two to one.

③ The Red Borders are leading three to one.

④ The Red Borders are leading two to one.

問4 男女が旅行の身支度を整えながら話をしています。

What time will their plane probably take off?

① At 6:00 a.m.   ② At 7:00 a.m.   ③ At 8:00 a.m.   ④ At 9:00 a.m.

問5 教室で男子生徒が女子生徒に話しかけています。

Which is true according to the conversation?

① The man will receive an award next week.

② The man's writing is a candidate for an award.

③ The woman knew that the man had won an award.

④ The woman will announce the results of an award.

3 短いモノローグ

この章では，数十秒から1分程度の英文を聞き，内容についての質問に答えます。選択肢は英語や数値の他，カレンダーや表，グラフなど多岐にわたります。音声を聞く前に選択肢を観察し，英文の内容を予測しましょう。

 Check 1 英語・数値の選択肢

英語とそれについての質問を聞き，質問の答えとして最も適切なものを ① ～ ④ のうちから1つ選びなさい。1回流します。 ◀)) 09

① At the college.　　② At the library.
③ At the bus stop.　　④ At the movie theater.

（南山大学）

スクリプト Hi, Steven, it's Jill here.　Just leaving you a message.　I'm going to be a bit late.　I was at college all afternoon working in the library on my project. Anyway, I'm on my way.　I'm in line waiting for the bus, but the one that goes to the movie theater still hasn't come.　I hope to be with you soon, before the movie starts.　Bye!
Question: Where is the woman?

和訳 もしもし，スティーブン。ジルです。メッセージを入れておくね。私，少し遅れそうなんだ。プロジェクトのために図書館で作業をしていて，午後の間ずっと大学にいたの。とにかく今向かってる。列に並んでバスを待っているけど，映画館に向かうバスはまだ来ないの。間もなく，映画が始まる前には合流できるといいのだけど。じゃあね！
質問：女性はどこにいるか。

① 大学。　　② 図書館。　　③ バス停。　　④ 映画館。

解説 音声を聞く前に選択肢を確認すると，どれも場所を示していることがわかります。ですから音声を聞く際には，特に場所の情報に注意を払って聞きます。放送文は Jill という女性が Steven という友人に向けて残した録音メッセージのようです。女性は「少し遅れそうなんだ」と言ったあと，その理由を I was at college ... in the library ....「図書館で…大学にいたの」と説明しています。ここで場所の情報として，女性は大学の図書館にいたことがわかります。次に I'm in line waiting for the bus「列に並んでバスを待っている」と言っていますので，女性は現在バス停にいることがわかります。さらに the one that goes to the movie theater「映画館へ行くバス」，最後に I hope to be with you soon,

26

before the movie starts. 「間もなく，映画が始まる前には合流できるといいのだけど」と言っていますので，女性はこれから映画館に向かうことがわかります。質問は現在いる場所を問うているので，正解は ③ の「バス停」ということになります。このように質問があとから示される問題では，答えの候補となる情報を整理しながら聞き，質問を聞いたらすぐにその答えを取り出せるようにしておくことが重要です。そのためにも，選択肢の先読みが必要になります。

正解 ③

語句 I'm on my way. 「私は今向かっているところだ」，in line 「列に並んで」

🎧 こう聞く！ **選択肢を先に読む**

音声を聞く前に選択肢を確認し，**どのような情報を得るべきか**あらかじめ頭に入れておきましょう。必要な情報をメモしながら聞き，質問が流れたら，それに合う情報をすぐに取り出せるよう整理しておくことが重要です。

Check 2 図表・グラフの選択肢

授業でワークシートが配られました。グラフについて，先生の説明を聞き，以下の図の空欄 A ～ D に当てはまるのに最も適切なものを ① ～ ④ のうちから1つずつ選びなさい。1回流します。 ◀))10

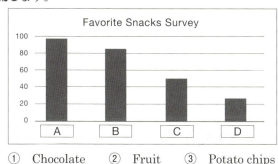

Favorite Snacks Survey

① Chocolate ② Fruit ③ Potato chips ④ Vegetables

（大学入学共通テスト第1回試行調査）

スクリプト One hundred North American university students, 50 men and 50 women, were recently surveyed about what their favorite snacks were. There were four types of snacks for students to choose from: chocolate, fruit, potato chips, and vegetables. The highest rated category was "fruit" with 97 students choosing this category. Slightly lower was "vegetables." Surprisingly, the lowest category to be selected was "potato chips" with only 25 students indicating they enjoyed eating this snack. "Chocolate" was double the number for "potato chips." It is encouraging that the university students in this study rated healthy snack choices so highly.

和訳 最近, 北米の大学生男女50人ずつ計100人が, 一番好きなおやつは何かについての調査に参加した。学生が選べるおやつはチョコレート, 果物, ポテトチップス, 野菜の4種類であった。最も人気が高かったのは「果物」で, 97人の学生がこのカテゴリーを選んだ。それよりも少し低かったのが「野菜」だった。意外なことに, 最も選ばれていなかったのが「ポテトチップス」で, 25人しかこのおやつを食べて楽しむ学生がいないことを示していた。「チョコレート」は「ポテトチップス」の2倍の数であった。この調査に参加した大学生が健康的なおやつの選択肢をこれほど高く評価したというのは, 好ましい結果である。

① チョコレート　② 果物　③ ポテトチップス　④ 野菜

解説 図表やグラフ内の項目を問う問題でも, 音声を聞く前の確認が解答の助けになります。このグラフではまずタイトルが Favorite Snacks Survey となっていますから, 好きなおやつを調べたものだと予想できます。選択肢はいずれも食べ物の名前ですから, これが調査の選択肢と考えられます。音声を聞くと, 冒頭で調査の概要と4つのカテゴリーが紹介され, すぐに The highest rated category was "fruit"「最も人気が高かったカテゴリーは『果物』だった」と言っているので, 　A　 が ② の果物, 続く Slightly lower was "vegetables."「それよりも少し低かったのが『野菜』だった」より, 　B　 が ④ の野菜, さらに the lowest category to be selected was "potato chips"「最も選ばれていなかったのが『ポテトチップス』だった」より, 　D　 が ③ のポテトチップスであるとわかります。残った 　C　 は, "Chocolate" was double the number for "potato chips."「『チョコレート』は『ポテトチップス』の2倍の数であった」を聞くまでもなく, ① のチョコレートとなります。音声を聞く前に情報を整理しておくことが重要です。

正解 A ②　B ④　C ①　D ③

語句 survey 動 名「～を調べる；調査」, rate 動「～を評価する」, surprisingly 副「意外なことに」, indicate (that) SV「…ということを示す」, encouraging 形「励みになる」

🔊 こう聞く！　音声を聞く前に図表やグラフを確認する

選択肢が図表やグラフ内の項目の場合も, 音声を聞く前にできる限り多くの情報を頭に入れておきたいものです。選択肢と併せて見ると, **放送文の内容をある程度予測できる**でしょう。

 **解答・解説 ▶ pp.78 ～ 91**

1 それぞれの問いの答えとして最も適切なものを選択肢から ◀)) 11
選びなさい。1回流します。

問1 英語とそれについての質問を聞き，質問の答えとして最も適切なものを ① ～
④ のうちから1つ選びなさい。

　① 1.5 hours.　② 2.5 hours.　③ 3 hours.　④ 4 hours.

問2 英語とそれについての質問を聞き，質問の答えとして最も適切なものを ① ～
④ のうちから1つ選びなさい。

　① By being there.　　　　　② By judging students.

　③ By providing medication.　④ By teaching students.

（名古屋外国語大学）

問3 英語を聞き，質問の答えとして最も適切なものを ① ～ ④ のうちから1つ選び
なさい。質問は書かれています。

What did the man most likely do next?

　① Pressed 1.　② Pressed 2.

　③ Pressed 3.　④ Stayed on the line.

（名古屋外国語大学・改）

2 それぞれの問いの答えとして最も適切なものを選択肢から 🔊))12
選びなさい。1回流します。

問1 英語とそれについての質問を聞き，質問の答えとして最も適切なものを以下の
カレンダーの ① ～ ⑦ のうちから1つ選びなさい。

Monday	Tuesday	Wednesday	Thursday	Friday	Saturday	Sunday
	1	*2*	*3*	*4*	*5*	*6*
7	*8*	*9* ①	*10* ②	*11* ③	*12* ④	*13* ⑤
14 ⑥	*15* ⑦	*16*	*17*	*18*	*19*	*20*
21	*22*	*23*	*24*	*25*	*26*	*27*
28	*29*	*30*	*31*			

（南山大学・改）

問2 英語のアナウンスを聞き，新しい表示として最も適切なものを ① ～ ④ のうち
から1つ選びなさい。

①
Departures			
TIME	TO	GATE	REMARK
4 : 30	VANCOUVER	B4	ON TIME

②
Departures			
TIME	TO	GATE	REMARK
6 : 30	VANCOUVER	B4	DELAYED

③
Departures			
TIME	TO	GATE	REMARK
6 : 30	VANCOUVER	C12	DELAYED

④
Departures			
TIME	TO	GATE	REMARK
6 : 00	VANCOUVER	C12	DELAYED

（南山大学・改）

問3 少年がある1日の出来事について話をしています。話を聞き，その内容を表している絵（①〜④）を，聞こえてくる順番に並べ替えなさい。

①

②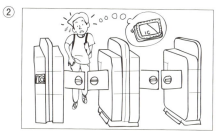

③

④

3 それぞれの問いの答えとして最も適切なものを選択肢から 選びなさい。1回流します。 ◀)) 13

問1 英語を聞き，以下の図の空欄 A ～ D に当てはまるのに最も適切な ものを ① ～ ④ のうちから1つずつ選びなさい。

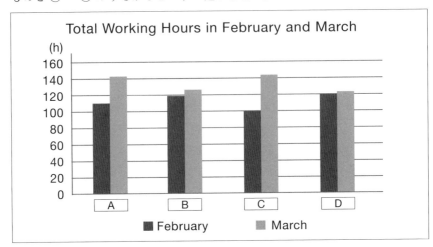

① Lisa ② Nancy ③ Paul ④ Steve

問2 英語を聞き，以下の図の空欄 A ～ D に当てはまるのに最も適切な ものを ① ～ ④ のうちから1つずつ選びなさい。

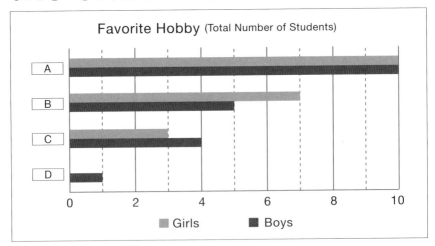

① reading books ② watching movies
③ doing sports ④ other

問3　あなたはショッピングモールでインターンをしていて，作業の指示を受けています。話を聞き，以下の図の空欄　A　〜　D　に当てはめるのに最も適切なものを ① 〜 ⑦ のうちから1つずつ選びなさい。選択肢は2回以上使ってもかまいません。

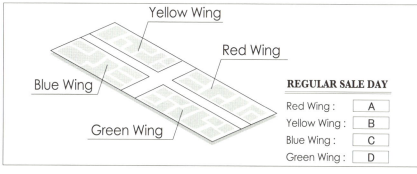

REGULAR SALE DAY

Red Wing : A
Yellow Wing : B
Blue Wing : C
Green Wing : D

① Monday　② Tuesday　③ Wednesday　④ Thursday
⑤ Friday　⑥ Saturday　⑦ Sunday

問4　英語を聞き，内容に最もよく合う図を下の ① 〜 ④ のうちから1つ選びなさい。

①

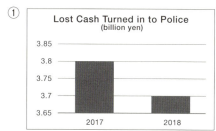

②

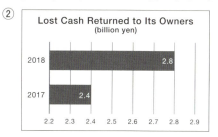

③

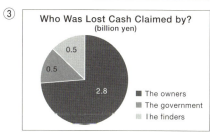

④

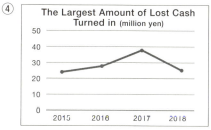

（南山大学・改）

4 複数の説明

この章では，あるテーマに関して複数人の意見を聞き，求められた条件に合うものを選ぶ問題を扱います。聞き取るべき項目をあらかじめ設定し，その適否や根拠について，メモをとりながら聞くことがポイントとなります。

✓ **Check 1** 条件ごとの適否を聞き取る

4人の英語を聞き，問いの答えとして最も適切なものを，① ～ ④ ◀))14
のうちから1つ選びなさい。1回流します。

状況：日本の観光案内所で外国人観光客を案内する高校生ボランティアスタッフを1名
　　　募集しました。その結果，複数の応募があったため，以下のような条件に沿って
　　　選ぶことにしました。
条件　・観光案内や通訳をしたことのある人。
　　　・外国人観光客に対応できる英語力（中級から上級）のある人。
　　　・週末の午後1時から5時まで参加できる人。

4人の応募者の録音された自己紹介を聞き，最も条件に合う人物を選びなさい。

① Akiko KONDO　　② Hiroshi MIURA
③ Keiko SATO　　　④ Masato TANAKA　　　　（大学入学共通テスト第1回試行調査）

 1. Hello, this is Akiko speaking. I, um, I just started studying English
　　 hard. I want to, uh, improve my speaking skills. I like, uh, I want to
　　 practice with people from foreign countries. This job is perfect for that.
　　 I have a part-time job on Sunday evenings. Thank you!

　　 2. Hi, I'm Hiroshi, but my friends call me "Hiro." I lived in Canada for 3
　　 years and I'm pretty fluent in English. Currently, I work as an
　　 interpreter on weekends. I'd love to help out! Please let me know if you
　　 need any other information. Thanks. Bye!

　　 3. Good morning. This is Keiko. I was an exchange student in Australia
　　 for a year and I'm a volunteer guide for foreign visitors at my school.
　　 I'm available most days, but Wednesday evenings I've got band practice.
　　 Thank you for your time. Bye.

4. Hi, my name's Masato. My English is good, but it will be my first time doing a volunteer work using English. I'm applying because I hope to gain that kind of experience. I'm free on most weekdays except for Thursdays. Please consider me for this position! Goodbye.

和訳

1. こんにちは。アキコです。わ，私は，真剣に英語の勉強をし始めたところです。私は，あの，話す力を向上させたいです。私は，外国から来た人と練習するのが好き，いや，練習したいです。そのためにはこの仕事がぴったりです。私は日曜日の夕方にアルバイトをしています。ありがとうございます！

2. こんにちは，僕はヒロシと言いますが，友人は僕を「ヒロ」と呼びます。僕はカナダに３年間住んでいたので，英語はかなり流ちょうに話せます。現在，週末に通訳の仕事をしています。ぜひお手伝いさせてください！ 他に何か情報が必要でしたらお知らせください。ありがとう。では！

3. おはようございます。ケイコです。私は１年間オーストラリアで交換留学生をしていました。そして，今は学校で外国から来た訪問者のためのボランティアガイドをやっています。私はほぼ毎日あいていますが，水曜の夕方はバンドの練習があります。時間をとっていただきありがとうございました。それでは。

4. こんにちは，名前はマサトといいます。僕の英語は上手ですが，英語を使ってボランティアをするのは初めてになります。そうした経験を積みたいと思って応募しています。木曜日以外ほとんどの平日があいています。どうか僕をこの職に選ぶよう検討してください！ さようなら。

① コンドウ アキコ　　② ミウラ ヒロシ
③ サトウ ケイコ　　④ タナカ マサト

解説 必要な条件の適否を表の形で整理すると次のようになります。

名　前 ＼ 条　件	観光案内や通訳をした経験	外国人観光客に対応できる英語力	週末午後１時から５時まで参加可能
① Akiko KONDO	?	×	○
② Hiroshi MIURA	○	○	×
③ Keiko SATO	○	○	○
④ Masato TANAKA	×	○	?

上記のように必要な情報を整理すると，ケイコだけが与えられた３つの条件を満たすことがわかるので，正解は ③ になります。ヒロシは第３文で Currently, I work as an interpreter on weekends. と言っており，これが３番目の条件に合わないことがわかるので，不適です。マサトは３番目の条件を満たすかどう

か放送文の情報だけでは判断できませんが，1番目の条件に関して it will be my first time doing a volunteer work using English と言っているので，この時点でマサトの可能性はなくなることに注意してください。この問題のように，あらかじめ条件が設定されている場合には，表などの形で条件の適不適を整理しながら聞き取ることが重要です。

正解 ③

語句 improve 動「～を向上させる」，fluent 形「流ちょうな」，currently 副「現在」，interpreter 名「通訳(者)」，exchange student「交換留学生」，available 形「(時間などが) あいている，利用可能な」，apply 動「応募する」，except for ～「～を除いて」

> **こう聞く！** **条件を1つずつ確かめる**
> 聞き取るべき条件があらかじめ設定されている場合は，必要な情報を表などに整理しながら絞り込んでいくようにしましょう。

Check 2 主張と根拠を聞き取る

話を聞き，それぞれの問いの答えとして最も適切なものを選択肢から選びなさい。1回流します。 🔊))15

状況：学生たちが授業で，炭水化物（carbohydrates）を積極的に摂取することに対して賛成か反対かを述べています。

問1 4人の意見を聞き，賛成意見を述べている人を ① ～ ④ のうちからすべて選びなさい。正解となる選択肢は1つとは限りません。
　　① 学生1　　② 学生2　　③ 学生3　　④ 学生4

問2 さらに別の学生の意見を聞き，その意見の内容と合う図を ① ～ ④ のうちから1つ選びなさい。

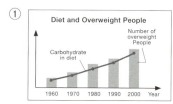

① Diet and Overweight People

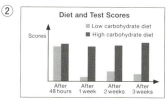

② Diet and Test Scores

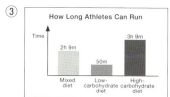

③ How Long Athletes Can Run

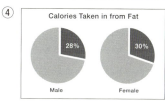

④ Calories Taken in from Fat

（大学入学共通テスト第1回試行調査）

問1

スクリプト

Student 1: Test season is in a few weeks, and carbohydrates are the preferred source of energy for mental function. I think rice, potatoes, pasta and bread are good brain food! You are what you eat!

Student 2: Many people try to reduce the fat in their diet, but instead they should lower the amount of carbohydrates they eat. In one study, people on a high carbohydrate diet had an almost 30% higher risk of dying than people eating a low carbohydrate diet.

Student 3: The necessary calories for the body can be taken in from protein and fat, which are included in foods such as meat and nuts. The body requires these for proper functioning. Protein and fat previously stored in the body can be used as a more reliable source of energy than carbohydrates.

Student 4: Well, as an athlete, I need to perform well. My coach said that long distance runners need carbohydrates to increase stamina and speed up recovery. Carbohydrates improve athletic performance. Athletes get less tired and compete better for a longer period of time.

和訳

学生1：テストシーズンが数週間後にせまってきました。炭水化物は思考の働きを高める好ましいエネルギー源です。ごはん，いも，パスタ，パンは脳によい食べ物です！　あなたは食べたものでできているのです！

学生2：多くの人は食事において脂肪を減らそうとしますが，それより炭水化物の摂取量を減

らすべきです。ある研究で，炭水化物の多い食事をとっている人は，少ない食事を
とっている人よりも，死亡のリスクが 30 パーセント近く高かったということです。

学生3：体に必要なカロリーは，肉やナッツなどの食材に含まれるたんぱく質と脂肪からと
ることができます。体は，適切に機能するためにこれらを必要とするのです。あら
かじめ体に蓄えられたたんぱく質と脂肪は，炭水化物に比べてより確かなエネルギ
ー源として使うことができます。

学生4：えー，私は運動選手としてしっかりとしたパフォーマンスをする必要があります。私
のコーチによれば，長距離走者は持久力を上げ，回復を早めるために炭水化物を必
要としているということです。炭水化物は運動のパフォーマンスを向上させます。運
動選手は疲れなくなり，より長い時間，よりよく競うようになります。

① 学生1　② 学生2　③ 学生3　④ 学生4

解説　炭水化物の摂取に賛成か反対かで意見を整理すると，次のようになります。

	炭水化物の摂取に 賛成（○）・反対（×）	根　拠
学生 1	○	思考の働きにとって好ましいエネルギー源
学生 2	×	死亡リスクが高い
学生 3	×	たんぱく質と脂肪のほうが確かなエネルギー源
学生 4	○	運動のパフォーマンスを向上させる

学生1は炭水化物の摂取に「賛成」しています。根拠は，第1文の後半
carbohydrates are the preferred source of energy for mental function です。
the preferred source of energy「好ましいエネルギー源」が聞き取れれば，賛
成だとわかるはずです。学生2は炭水化物の摂取に「反対」しています。根拠
は，第1文の後半 but instead they should lower the amount of carbohydrates
they eat と，それに続く死亡リスクに関するデータの部分です。「炭水化物を
多く摂取する人のほうがそうでない人よりも死亡リスクが高い」というデータ
を出しています。続く学生3も「反対」です。根拠は，最終文 Protein and fat
previously stored in the body can be used as a more reliable source of
energy than carbohydrates. です。ここでようやくたんぱく質と脂肪のほうが炭
水化物より more reliable「より確かだ」という主張が表れます。最後に，学生4
は「賛成」です。根拠は，第2文の long distance runners need carbohydrates
to increase stamina and speed up recovery と第3文 Carbohydrates improve
athletic performance. です。「炭水化物はパフォーマンスを向上させるので運
動選手に必要だ」という主張です。以上より，正解は ① と ④ です。あるテー

マに対して「賛成」か「反対」かを述べる場合，必ずしも明確に「賛成・反対」を表す語句が使われるとは限りません。話者がどのような根拠を立てているかを理解し，そこから主張を判断する必要がある場合もあります。

正解 ①, ④

語句 carbohydrate 图「炭水化物」, preferred 形「好ましい」, mental function「思考の働き，精神機能」, fat 图「脂肪」, diet 图「食事（法）」, calorie 图「カロリー，熱量」, protein 图「たんぱく質」, proper 形「適切な」, previously 副「事前に」, store 動「～を蓄える」, reliable 形「確かな，信頼できる」, athlete 图「運動選手」, distance 图「距離」, compete 動「張り合う，競う」

4

問2

スクリプト If I eat a high carbohydrate diet, I tend to get hungry sooner and then eat snacks. Also, I read snacks raise the sugar levels in the blood, and the ups and downs of blood sugar lead to eating continuously. This makes you gain excessive weight.

和訳 炭水化物が多めの食事をとると，空腹になるのが早くなり，おやつを食べがちになります。また，読んだ情報によればおやつは血糖値を上げ，血糖値が上がったり下がったりすると食べることが止まらなくなります。これによって，体重が増えすぎてしまうのです。

解説 要点をまとめると，「炭水化物をとると，空腹になるのが早くなり，それによっておやつを食べることになり，結果的に体重が増える」というものです。①を見ると，これが「炭水化物の摂取量と肥満の人の数の関係」を示したグラフであるとわかり，放送文の内容と合います。したがって，正解は ① となります。他の図は，② は「炭水化物の摂取量とテストの得点の関係」，③ は「炭水化物の摂取量と運動選手が走れる時間の関係」，④ は「脂肪から摂取したカロリーの男女別比率」を示したものであり，どれも放送文の内容とずれているので，正解にはなりません。音声が流れる前に，グラフのタイトルだけでも確認しておくことで，放送文の内容との照らし合わせがより容易になります。問1を早めに処理し，問2のグラフの観察にできる限り長い時間を取りましょう。

正解 ①

語句 the ups and downs of ~「～の上がり下がり」, blood sugar（level）「血糖（値）」, continuously 副「休むことなく，継続的に」, excessive 形「超過の」

🔊 **こう聞く！** **話者の立場を支える「根拠」を聞き取る**

・話者があるテーマに「賛成・反対」のどちらの立場をとっているか判断する場合には，「賛成・反対」の根拠を聞き取るようにしましょう。
・音声を聞く前にできる限り詳細にグラフを確認しておきましょう。

1 それぞれの問いの答えとして最も適切なものを選択肢から 🔊16
選びなさい。1回流します。

問1 4人の英語を聞き，示された条件に最も合うものを ① ～ ④ のうちから1つ選
びなさい。

状況：あなたは見る映画を1つ決めるために，地元の4人の友人のアドバイス
を聞いています。

条件　A.　アクション映画であること
　　　B.　評価が高いこと
　　　C.　自分の住む町の映画館で上映していること

① *Unknown Instinct*　　② *Aqua Report*
③ *Violent Break*　　　 ④ *Space Battle Warriors*

問2 4人の英語を聞き，示された条件に最も合うものを ① ～ ④ のうちから1つ選
びなさい。

状況：あなたはアパートの大家で，借主を決めるために，4人の候補者の自己
紹介を聞いています。

条件　A.　社会人である。
　　　B.　楽器を演奏しない。
　　　C.　ペットを飼わない。

① Yosuke　② Lisa　③ John　④ Cathy

問3 以下のグラフはケン，ミチコ，カズキ，ヨシコの 4 人の期末テストの結果を表したものです。4 人の説明を聞き，それぞれのグラフが誰のものであるか，番号で示しなさい。

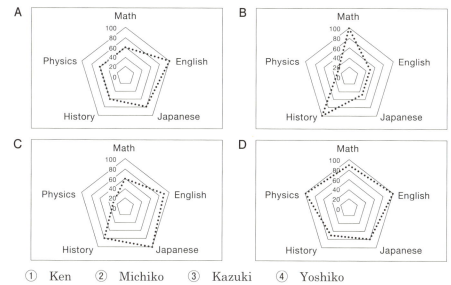

① Ken　② Michiko　③ Kazuki　④ Yoshiko

問4 幸運な人々がとっている 4 つの行動原則を説明した英語を聞き，それぞれの原則（Principle）に最もふさわしい見出しを ① ～ ④ のうちから 1 つずつ選びなさい。

Principle One:
Principle Two:
Principle Three:
Principle Four:

① Be Open to Chance

② Be Positive about the Future

③ Change Bad Luck into Good

④ Reflect on What Is Really Important

2 話を聞き，それぞれの問いの答えとして最も適切なものを ◀))17 選択肢から選びなさい。1回流します。

状況：学生たちが授業で，インターネットの是非について意見を述べています。

問1 4人の意見を聞き，インターネットに対して**否定的な意見を述べている人**を ①
〜 ④ のうちからすべて選びなさい。正解となる選択肢は1つとは限りません。
① 学生1 ② 学生2 ③ 学生3 ④ 学生4

問2 さらに別の学生の意見を聞き，その意見の内容と合う図を ① 〜 ④ のうちから
1つ選びなさい。

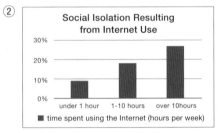

①
Common Methods of Protecting Children on the Internet	
Monitoring their use	59%
Parental control software	48%
Educating them on the dangers	45%
ISP filtering of unsuitable websites	21%

② Social Isolation Resulting from Internet Use

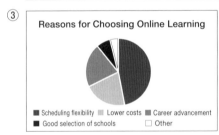

③ Reasons for Choosing Online Learning

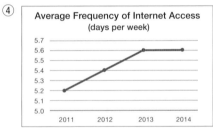

④ Average Frequency of Internet Access (days per week)

3 話を聞き，それぞれの問いの答えとして最も適切なものを　◀))18
選択肢から選びなさい。 1回流します。

状況：5人の学生が，国内の航空便を制限すべきかどうかについて意見交換を
しています。

問1 全員の意見を聞き終わった時点で，国内の航空便を**制限すべきだと考えている**
のは，5人のうち何人でしたか。① ～ ⑤ のうちから1つ選びなさい。
① 1人　　② 2人　　③ 3人　　④ 4人　　⑤ 5人

問2 さらに別の学生の意見を聞き，その意見の内容と合う図を ① ～ ④ のうちから
1つ選びなさい。

①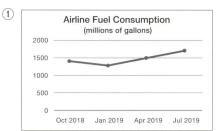

②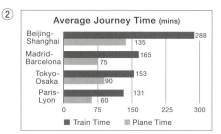

③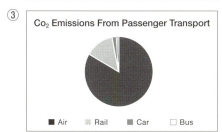

④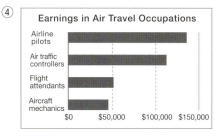

状況：4人の学生（Selena, Demi, Ryota, Kevin）が，高齢者の自動車の運
転について意見交換をしています。

問1 会話が終わった時点で，高齢者の自動車の運転に**賛成した人**は4人のうち何人
でしたか。① ～ ④ のうちから1つ選びなさい。
① 1人　　② 2人　　③ 3人　　④ 4人

問2 会話を踏まえて，Kevin の意見を最もよく表している図を，① ～ ④ のうちか
ら1つ選びなさい。

① Licensed Drivers by Age

② Car Accidents by Driver's Age per million people

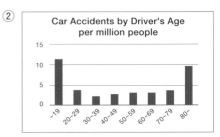

③ What do middle-aged people drive for?

④ Do you use public transportation and how far is it from your home?

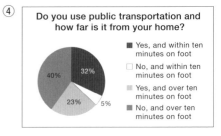

長いダイアローグ

この章では，4往復以上の長めの対話文を聞き，その内容についての質問に答える問題を扱います。対話の状況と話題をつかみ，話者それぞれの意見とその理由や根拠を聞き取りましょう。

Check 話者の主張とその理由を聞き取る

対話を聞き，それぞれの問いの答えとして最も適切なものを ① ～ ④ のうちから1つずつ選びなさい。1回流します。

状況：2人の大学生が，日本の高校で行った修学旅行について英語の授業で話しています。

問1 What is the woman's main point?
① She found it difficult to use English in Australia.
② She thinks a school trip abroad is worthwhile.
③ She wanted more chances to travel outside Japan.
④ She wishes she had gone to Hiroshima instead.

問2 What is the man's main point?
① He disliked being asked questions about Japan.
② He felt that domestic school trips should be longer.
③ He thought he wasn't able to appreciate his school trip.
④ He wanted to go to Australia instead of Nara.

(大学入学共通テスト第1回試行調査)

 ※下線部は解答の根拠に当たる箇所です。

M(1): We went to Australia on our school trip.

W(1): Nice! We only went to Tokyo. 問1 I've never been abroad, and I wish I could have gone when I was a high school student.

M(2): Oh, yeah? 問2 In fact, looking back, I wish I had gone somewhere in Japan — like Hiroshima or Nara because I wasn't ready to go abroad yet.

W(2): What do you mean? You can go to places like that any time. 問1 Maybe you wouldn't have had a chance to go abroad otherwise.

M(3): _{問2}I wish I had known more about Japan back then. People in Australia asked me a lot of questions about Japan, but it was very hard for me to answer them. _{問2}Also, I needed more English skills.

W(3): But, didn't you find that using English in real situations improved your skills? I wish I had had that opportunity.

M(4): No, not really. _{問2}The trip was too short to really take advantage of that.

W(4): In any case, _{問1}such an experience should be appreciated.

和訳 男性(1)：修学旅行でオーストラリアに行ったよ。

女性(1)：すてきね！　私たちは東京に行っただけ。_{問1}外国には行ったことがないから，高校時代に行くことができていたらよかったんだけどなあ。

男性(2)：へえ，そうかい？　_{問2}実際，今にして思えば僕は広島とか奈良とか，日本のどこかに行きたかったって思うよ。外国に行く準備はまだできていなかったから。

女性(2)：どういうこと？　そういう場所ならいつでも行けるじゃない。_{問1}学校での旅行がなかったら，外国に行く機会はなかったかもしれないわ。

男性(3)：_{問2}そのころ日本についてもっと知っていたらよかったのにって思うんだ。オーストラリアの人たちが日本のことについてたくさん尋ねてくれたんだけど，僕には答えるのがとても難しかった。_{問2}それに英語のスキルがもっと必要だったな。

女性(3)：でも，実際の状況の中で英語を使うことでスキルが上がったって思わなかった？　そんな機会を持ちたかったわ。

男性(4)：いや，そうでもないよ。_{問2}旅行が短すぎて，実際そういうことに利用することはできなかった。

女性(4)：いずれにせよ，_{問1}そういう経験をありがたいと思うべきよ。

問1　女性が最も言いたいことは何か。

① オーストラリアで英語を使うのは難しいとわかった。

② 海外への修学旅行は価値のあることだと思う。

③ 日本国外を旅行する機会をもっと持ちたかった。

④ 代わりに広島に行っていたらよかったのにと思う。

問2　男性が最も言いたいことは何か。

① 日本について尋ねられるのは嫌だった。

② 国内での修学旅行はもっと長くすべきだと感じた。

③ 自分が行った修学旅行のありがたみがわからないと思った。

④ 奈良ではなくオーストラリアに行きたかった。

対話の話題と，話者の主張および理由をまとめると以下のようになります。

話題：高校時代の修学旅行の行き先

話者	主　張	理　由
女性	外国への修学旅行は価値ある経験だ。	・高校時代に外国に行くチャンスはあまりない。 ・英語を使って上達する機会を持てる。
男性	国内のどこかに行きたかった。	・高校時代に日本のことをもっと知りたかった。 ・英語力が足りなかったし，旅行中に伸ばすには日数が短すぎた。

問1　　女性は最初の発話で，オーストラリアに行ったという男性に対して Nice! と反応し，「自分も高校時代に外国に行きたかった」ということを言っています。さらに，次の発話では Maybe you wouldn't have had a chance to go abroad otherwise. と言って，高校生で外国に行った男性はいかに得難い機会を持つことができたのかと，男性を羨んでいます。第3発話でも，「実際の状況の中で英語を使えて上達するのでは？　自分もその機会が持てたらよかったのに」と言っていますので，女性は修学旅行で外国に行くことは価値のあることだと考えているとわかります。最後の発話でも外国への修学旅行を「ありがたいと思うべき」と言っていますので，正解は ② です。③ は，女性は最初に I've never been abroad と言っているので，more chances という表現と矛盾するため，不適です。more と言うからには，最低でも1度はその機会を持った必要があります。① と ④ は，男性の主張なので，不適です。

問2　　男性は第2発話で I wish I had gone somewhere in Japan — like Hiroshima or Nara ... と言っています。その理由として，「自分はまだ外国に行く準備ができていなかったからだ」と言っており，さらに次の発話で「そのとき日本のことをもっと知っていたかった」，「英語力も足りなかった」と補足しています。第4発話では，「外国への修学旅行は英語力を伸ばす機会」という女性の発言を「短すぎて上達にはつながらなかった」と否定しています。このことから，男性は自分の行ったオーストラリアへの修学旅行のありがたみがわからなかったということになるので，正解は ③ です。① は，男性は第3発話で People in Australia asked me a lot of questions about Japan, but it was very hard for me to answer them. と言っていますが，尋ねられるのが嫌だったとまでは言っていないので，不適です。

正解 問1 ②　　問2 ③

語句　wish ～ had［could have］*done*「～は…だったら［できていたら］よかったのに」, look back「回想する」, otherwise 副「そうでなければ」, opportunity 名「機会」, take advantage of ～「～を利用する」, in any case「いずれにせよ，とにかく」, appreciate 動「～をありがたく思う，～の良さがわかる」

こう聞く！　　**主張を導く表現に注意して聞く**

話者が**最も言いたいことは何か**という問題意識を持って聞くようにしましょう。主張はたいてい **I think / I believe / I want / I wish** などの表現に続いて表れます。また，should / must / have to / need to といった述部表現や important, necessary などの形容詞にも注意しましょう。さらに，なぜそう思うのかという**理由や根拠**も併せて聞き取るようにしましょう。

1　対話を聞き，それぞれの問いの答えとして最も適切なもの　◀)) 21
　　を ① ～ ④ のうちから１つずつ選びなさい。１回流します。

状況：２人の大学生が，高校時代の制服について話しています。

問1　What is the woman's main point?
　　①　Boys don't care about wearing jewelry.
　　②　It is very important to wear whatever you want.
　　③　She wishes her school had had uniforms.
　　④　Uniforms take away a part of women's freedoms, but not men's.

問2　What does the man think about school uniforms?
　　①　They made his life easier.
　　②　They enabled him to express himself.
　　③　It is weird for boys to wear uniforms.
　　④　It is important to change one's looks.

問3　Which is true according to conversation?
　　①　Neither the woman nor the man minded having school uniforms.
　　②　The man feels school uniforms are uncomfortable.
　　③　The man had to buy expensive school uniforms.
　　④　Wearing accessories was allowed in the woman's high school.

2 対話を聞き，それぞれの問いの答えとして最も適切なもの
を ① 〜 ④ のうちから 1 つずつ選びなさい。1 回流します。 ◀))22

状況：2 人の大学生が，グローバル化 (globalization) を題材とした課題につい
て話しています。

問1　What is the man's main point?
① He doesn't know what globalization really means.
② He is unsure whether globalization has negative effects.
③ He is worried about how technology will change the world.
④ He thinks globalization has negative effects on the earth.

問2　What is the woman's main point?
① China will change the world in the near future.
② Globalization has more positive effects than negative ones.
③ The level of influence of globalization is varied.
④ Westernization has bad effects on Asian countries.

3 Peter（夫）と Sarah（妻）の対話を聞き，以下の表の空欄
A 〜 E に当てはめるのに最も適切なものを ①
〜 ⑤ のうちから 1 つずつ選びなさい。1 回流します。 ◀))23

Guests	Gifts to Sarah
A	Blue socks
B	Yellow socks
C	A book
D	A T-shirt
E	A CD

① Andrew　② Haruka　③ John　④ Peter　⑤ Steve

5

長いダイアローグ

6 長いモノローグ

この章では，長めの講義を聞き，その内容をワークシートに整理しながら問いに答える問題を扱います。音声を聞く前に，状況，ワークシート，質問，選択肢を読み，講義の内容を「予習」してから問題に臨みましょう。

✓ **Check**　聞き取った情報を整理する

講義を聞き，それぞれの問いの答えとして最も適切なものを選択肢から選びなさい。1回流します。

◁)) 24

状況：アメリカの大学で，服と環境のかかわりについて，講義を聞いています。

ワークシート

○ Today: 80 billion new pieces of clothing

　　⬆　increased by 400%

　20 years ago

○ *Why?* → (　　1　　)

○ The life of cheaply-produced clothing — avg. 2.2 years

○ The environmental impact

Methods	Fibers	Impacts
burning	A	X
burying	non-natural	Y → earth
	B	Methane during breakdown
	C	Z → underground water

問1 ワークシート内の空欄 　1　 に入れるのに最も適切なものを，次の ① 〜 ④ のうちから1つ選びなさい。

① carefully produced and expensive clothes

② cheaply produced and inexpensive clothes

③ poorly produced and short-lasting clothes

④ reasonably produced and long-lasting clothes

問2 ワークシート内の表の空欄 　A　 〜 　C　 および 　X　 〜 　Z　 に入れるのに最も適切な語句はどれか。Fibers の 　A　 〜 　C　 のそれぞれに当てはまるものを ① と ② のうちから，Impacts の 　X　 〜 　Z　 のそれぞれに当てはまるものを ③ 〜 ⑤ のうちから選びなさい。① と ② は2回以上使われることがあります。

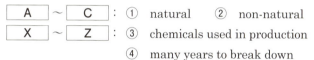

　A　 〜 　C　 ： ① natural ② non-natural

　X　 〜 　Z　 ： ③ chemicals used in production

④ many years to break down

⑤ CO$_2$ in the air

問3 講義で話されていると考えられる主張はどれか，次の ① 〜 ④ のうちから1つ選びなさい。

① Cotton clothes are better because they produce less CO$_2$ and are more easily broken down than polyester clothes.

② It is better to burn textile waste than to bury it underground because harmful chemicals can damage the earth.

③ Many clothes are not recycled or reused, so buying clothing wisely could contribute to protecting the environment.

④ We should avoid buying unnecessary clothing because chemicals are used during the production process.

問4 講義の続きを聞き，以下の図から読み取れる情報と，先の講義の内容を総合して，どのようなことが示唆されるか，① ～ ④ のうちから1つ選びなさい。

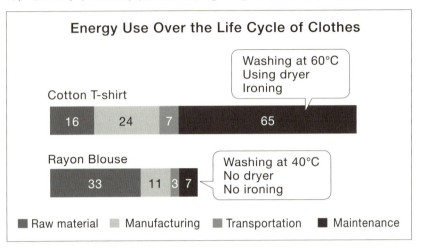

① Cotton T-shirts are better for the earth when they are made out of chemical-free fibers.

② It is important not only to think of what clothes to buy but how to take care of them.

③ Rayon blouses can be recycled and as a result, last longer than cotton T-shirts.

④ We should wear natural-fiber clothing as it is friendly to the environment.

（大学入学共通テスト第1回試行調査）

問1 ～ 3

スクリプト ※下線部は解答の根拠に当たる箇所です。

Do you like buying new clothes? Today I'm going to talk about clothing and its connection to the environmental crisis we are facing now. Worldwide, we consume about 80 billion items of new clothing each year. That number is 400% higher than what we were consuming two decades ago. Do you know why? 問1 This increase is closely related to the fact that clothes are cheaply produced and sold at low prices. How long do you wear your clothes? The life of such cheaply produced clothing is, on average, 2.2 years. 問3 Some clothing stores are trying hard to reuse or recycle the clothes. But unfortunately, tons of clothes still end up being burned or buried as waste.

Burning or burying such a large amount of textile waste adds to our present environmental crisis. _{A·X}Burning non-natural fibers such as polyester and nylon can produce air pollution including a huge amount of CO_2. Burying unwanted clothes also causes a lot of pollution. Do you know how long the buried clothes stay in the ground? _YThose non-natural fibers are basically plastics made from oil, which means they could take up to a thousand years to become part of the earth once again. In contrast, natural fibers like cotton and silk go back to the earth quickly. _BHowever, they produce greenhouse gases, such as methane, as they break down under the ground. _{C·Z}In addition, chemicals may have been used to dye or bleach those natural fibers, and the remaining chemicals can eventually reach underground water.

和 訳

新しい服を買うのは好きですか。今日は，衣類と，現在私たちが直面している環境危機との関係について話をします。全世界で毎年，私たちはおよそ800億点の新しい衣料品を消費しています。その数は20年前に消費していたものに比べて400パーセント多くなっています。理由はわかりますか。_{問1}この増加は，服が安い経費で製造され，安価で売られているという事実と密接な関係があります。あなたは服をどのくらいの間着ますか。そのように安く作られた衣類の寿命は，平均して2.2年です。_{問3}そうした服を再利用したりリサイクルしたりする努力を一生懸命行っている衣料品店もあります。しかしそれでも残念なことに，最終的に何トンもの服が廃棄物として焼却されたり，埋められたりしています。

そのような大量の繊維廃棄物を焼却したり，埋めたりすることで，現在の環境危機が増大しているのです。_{A·X}ポリエステルやナイロンのような非天然繊維を焼却すると，二酸化炭素を大量に含む大気汚染を生み出すことがあります。不要になった服を埋めることもまた，多くの汚染を引き起こします。埋められた服がどのくらいの間地中にとどまるか知っていますか。_Yそうした非天然繊維は基本的に石油から作られたプラスチックでできています。これは，それらが再び土の一部になるのに，最長で1000年という年月を要し得ることを意味します。一方，木綿や絹のような天然繊維は，すばやく土にかえります。_Bしかし，それらは地中で分解されるとき，メタンなどの温室効果ガスを作り出します。_{C·Z}加えて，そうした天然繊維を染色したり，漂白したりするために化学物質が使われてきたかもしれませんし，残留化学物質は最終的に地下水域に達する可能性もあるのです。

ワークシート

○ 現在：800 億点の新しい衣料品

↑ 400% の増加

20 年前

○ なぜ？ → (　　　1　　　安い経費で製造された安価な服　)

○ 安い経費で製造された衣類の寿命 ― 平均 2.2 年

○ 環境への影響

方　法	繊　維	影　響
焼　却	A　非天然	X　大気中に二酸化炭素
埋め立て	非天然	Y　分解するのに長い年月 (が必要) →土
	B　天然	分解されるときにメタンガスを放出
	C　天然	Z　製造過程で使われる化学物質→地下水域

問1　① 注意深く製造された高価な服

　　　② 安い経費で製造された安価な服

　　　③ 下手に製造された寿命の短い服

　　　④ 妥当な価格で製造された寿命の長い服

問2　① 天然　　② 非天然

　　　③ 製造過程で使われる化学物質

　　　④ 分解するのに長い年月 (が必要)

　　　⑤ 大気中に二酸化炭素

問3　① 木綿の服は，ポリエステルの服よりも二酸化炭素の排出量が少なく分解しやすいので，優れている。

　　　② 有害な化学物質が大地を害する可能性があるので，繊維廃棄物は地中に埋めるよりも，焼却するほうがよい。

　　　③ 再生されたり，再利用されたりする服が多くあるわけではないので，賢く服を買うことは環境保護に貢献し得る。

　　　④ 製造過程で化学物質が使われるので，私たちは不要な衣類を買うのを避けるべきだ。

解説　問1　　新しい衣料品の点数が 20 年前に比べて 400 パーセントも増えたのは，第1段落第6文で … the fact that clothes are cheaply produced and sold at low prices と説明されたとおり，「服が安い経費で製造され，安価で売られている」からです。したがって，正解は ② になります。

問2 　「焼却」については，第2段落第2文で Burning non-natural fibers ... can produce air pollution including a huge amount of CO_2 と説明があるので，　A　に ②，　X　に ⑤ が入ります。このあと，第3文以降で「埋め立て処理」について説明が始まり，第5文で non-natural fibers ... could take up to a thousand years to become part of the earth と言っているので，非天然系の繊維は土にかえるのに長い年月がかかるとわかります。したがって，　Y　に ④ が入ります。さらに第6文で，天然繊維は土にかえりやすいことを説明した上で，第7文で they produce greenhouse gases, such as methane, as they break down under the ground と言っているので，天然繊維は分解されるときにメタンガスなどの温室効果ガスを排出することがわかります。この文の they は直前の natural fibers like cotton and silk を指しています。したがって，　B　に ① が入ります。最終文で chemicals may have been used to dye or bleach those natural fibers, and ... reach underground water と言い，染色や漂白など，天然繊維の製造過程においても化学物質が使われ，それが地下水域に達することがあると説明しています。したがって，　C　が ①，　Z　が ③ になります。

問3 　講義で話されている内容と矛盾しない選択肢は ③ だけなので，③ が正解です。第1段落最後から2番目の文で Some clothing stores are trying hard to reuse or recycle the clothes. とあり，またこれに続く第1段落最終文で tons of clothes still end up being burned or buried as waste と説明されています。つまり服の再利用・再生は一部で行われているもののまだ大半は廃棄されているということで，これが選択肢 ③ の前半部 Many clothes are not recycled or reused と合致します。話者は，unfortunately「残念なことに」という副詞に続けて繊維廃棄物の多さについて述べているので，この事態を改善すべき事態であると認識していることになります。つまり話者は，繊維廃棄物を減らすべきだ，服の購入習慣は今のままではいけない，と考えていることになります。したがって，「賢く服を買うことは環境保護に貢献し得る」という選択肢 ③ の後半の表現は，本文の内容と矛盾しません。選択肢 ① は，講義では天然繊維と非天然繊維のどちらにも問題があると言っており，どちらがよりよいという話をしているわけではないので，不適です。② も，講義では，繊維廃棄物の処理方法として焼却と埋め立てという2つの方法を説明しているものの，そのどちらがより優れた方法であるかという説明はしていないので，不適です。④ は，前半の We should avoid

57

buying unnecessary clothing の部分は講義の内容に合いますが，その理由として，because chemicals are used during the production process「製造過程で化学物質が使われるので」という部分にのみ焦点を当てている点が問題です。講義によれば環境危機を引き起こすのは，衣料の製造過程というより，むしろ廃棄の在り方に大きな問題があると考えられるので，④ は講義の内容に合致するとはいえません。

正解 問1 ②　　問2 A ②　B ①　C ①　X ⑤　Y ④　Z ③
問3 ③

語句 *A's* connection to *B*「AのBとの関係」，consume 動「〜を消費する」，billion 名「10億」，item 名「品」，at a 〜 price「〜の価格で」，on average「平均して」，end up *doing*「最後は…する」，burn 動「〜を燃やす」，bury 動「〜を埋める」，textile 名「織物，繊維」，fiber 名「繊維」，polyester 名「ポリエステル」，nylon 名「ナイロン」，take ＋期間＋ to *do*「…するのに〜かかる」，up to 〜「最高〜まで」，cotton 名「木綿」，silk 名「絹」，greenhouse gas「温室効果ガス」，methane 名「メタン」，break down「分解する，分解される」，chemical 名「化学物質」，dye 動「〜を染色する」，bleach 動「〜を漂白する」，remaining 形「残っている」，eventually 副「ゆくゆくは」

問4

スクリプト　　Now let's consider how much energy is used in the life cycle of clothing. Look at this chart comparing a cotton T-shirt and a rayon blouse. Although rayon looks like a non-natural material, it is actually made from wood pulp. Notice the differences between these two types of natural-fiber clothes.

和訳　　さて，衣類の製造から廃棄までの過程においてエネルギーがどれだけ使われるか考えてみましょう。木綿のTシャツとレーヨンのブラウスを比較したこの図を見てください。レーヨンは非天然素材に見えますが，実際には木材パルプから作られています。これら2種類の天然繊維の衣服における違いに注目してください。

①　木綿のTシャツは，化学物質が含まれない繊維から作られているという点で，地球にとってよりよい。

②　どんな服を買うべきかを考えるだけでなく，それらをどのように扱うべきかを考えることも重要だ。

③　レーヨンのブラウスはリサイクル可能なので，結果として，木綿のTシャツより長持ちする。

④　天然繊維の衣類は環境に優しいので，私たちはそれを着るべきだ。

解説　　放送文は，図が衣類の製造から廃棄に至るまでの過程でエネルギーがどれだけ使われるかを表したものであると説明しています。図を見ると，木綿のTシ

ャツとレーヨンのブラウスにおいてエネルギーの使用に大きな差を生み出しているのは、「洗濯、乾燥、アイロン」などのメンテナンスの部分であることが見て取れます。したがって、講義のテーマである「衣料と環境問題」の関係性を考慮する場合、単に服の種類の問題だけを考えればよいのではなく、購入後、どのようにそれらを取り扱うのかという点に注意を向けなければならないとわかります。したがって、正解は ② になります。① は、図からもわかるとおり、木綿のほうが優れていると断言することはできないので、不適です。③ は、レーヨンのほうが木綿よりもリサイクルしやすいという話は、図においても講義の中でも出てこないので、不適です。④ は、講義で天然繊維の環境への悪影響について説明され、この図からも、天然繊維であっても使用過程でエネルギーを大量に消費するため環境に優しいとはいえないので、不適です。

正解　②

語句　life cycle「製品などの寿命（ここでは、物の製造から廃棄に至るまでの変化過程）」、chart 名「図、チャート」、rayon 名「レーヨン」、wood pulp「木材パルプ（製紙原料）」

こう聞く！　　**事前に紙面から情報収集をする**

・音声を聞く前に、状況、ワークシート、質問、選択肢を読み、できる限り多くの情報を頭に入れておきましょう。音声を聞きながら、**聞き取るべき内容を待ち構える**イメージを持つとよいでしょう。

・講義の内容全体にかかわる問題には紛らわしい選択肢が含まれることも多いので、**消去法**も適宜活用しましょう。

 解答・解説 ▶ pp.120～130

1 「アメリカの社会階級」に関する講義を聞き，それぞれの問 ◀)) 25 いの答えとして最も適切なものを選択肢から選びなさい。 1回流します。

ワークシート

American Social Classes

○ The idea that there are no class differences in the US is ⬚ A .

○ The key to the American class system is ⬚ B .

→ ⬚ C is obtained through ⬚ D , which will lead to a high social class.

○ People who improve their social position are regarded as ⬚ E men or women.

People who come from rich families are thought to have an ⬚ F advantage.

○ It is difficult to know what social class people belong to partly because ⬚ X .

問1 ワークシート内の空欄 ⬚ A ～ ⬚ F に入れるのに最も適切なものを，次の ① ～ ⑤ のうちから 1 つずつ選びなさい。選択肢は 2 回以上使ってもかまいません。

① effort ② money ③ self-made ④ unfair ⑤ untrue

問2 ワークシート内の空欄 ⬚ X に入れるのに最も適切なものを，次の ① ～ ④ のうちから 1 つ選びなさい。

① it is difficult to know where in the country a person comes from

② it is often hard to identify a person's accent accurately

③ it is quite common for rich people to send their children to public schools

④ it is unusual for blue-collar workers to let their children have a good education

（関西外国語大学・改）

2 「リオデジャネイロ」に関する講義を聞き，それぞれの問 ◀)) 26
いに答えなさい。1回流します。

ワークシート

○ Rio de Janeiro is the name of a city in Brazil.

    ↓

It means "January River."

    ↓ *Why?*

When a Portuguese explorer arrived at the bay in January,   **A** .

○ The history of Rio de Janeiro

YEAR	EVENT
B	Gaspar de Lemos arrived at the place now known as Rio de Janeiro.
C	A French colony settled in the bay.
D	The Portuguese returned, removed the French and founded the city.

問 1 ワークシート内の空欄 **A** に入れるのに最も適切なものを，次の ① 〜 ④ のうちから1つ選びなさい。

  ① he believed the bay was connected to several larger rivers

  ② he thought the bay looked like a huge river

  ③ he truly found the bay was at the mouth of a river

  ④ he wrongly thought the bay was the mouth of a river

問 2 ワークシート内の表の空欄 **B** 〜 **D** に入る数字を答えなさい。

問 3 講義の内容と一致するものを，次の ① 〜 ④ のうちから1つ選びなさい。

  ① The people who originally lived in Brazil called all white men *Carioca*.

  ② The Portuguese who first settled in Rio were removed by French people.

  ③ The word *Carioca* originally comes from the Tupi language.

  ④ Those who come from Rio de Janeiro are called São Sebastião.

（一橋大学・改）

61

講義を聞き，それぞれの問いの答えとして最も適切なもの ◀))27
を選択肢から選びなさい。1回流します。

状況：アメリカの大学で，イエローストーン国立公園へのオオカミの再導入に
　　　関して，ワークシートにメモをとりながら，講義を聞いています。

ワークシート

The Ecosystem of Yellowstone

○ Problems

Wolves: The population had ☐ A ☐ when the park opened.

↓

The last wolves were killed.

↓

Elk: The population gradually ☐ B ☐ .

　　 ... *Why?* ⇒ Their predators had ☐ C ☐ .

↓

Main problems: The ecosystem of Yellowstone was worsened.

　　　　 ... *Why?* ⇒ ☐ X ☐

○ Solutions

　・At first: The park service trapped and moved the elk.

　・At times: They killed the elk.

↓

　・In 1995: They brought wolves back from Canada.

○ Result

The number of wolves slowly ☐ D ☐ .

問1　ワークシート内の空欄 ☐ A ☐ ～ ☐ D ☐ に入れるのに最も適切なものを，次
　　の ① ～ ④ のうちから1つずつ選びなさい。選択肢は2回以上使ってもかまい
　　ません。

　　① declined　　② disappeared　　③ increased　　④ reintroduced

問2　ワークシート内の空欄 ☐ X ☐ に入れるのに最も適切なものを，次の ① ～ ④
　　のうちから1つ選びなさい。

　　① The earlier solutions were not effective at all.

② The elk ate too many plants.

③ The environment around there was too unique.

④ The wolves preyed on too many elk.

問3　講義の内容と一致するものを，次の ① ～ ④ のうちから 1 つ選びなさい。

① Packs of wolves were often seen by visitors in Yellowstone during the mid-1900s.

② The scientists discovered the first pack of wolves in Yellowstone in 1872.

③ Since the 1995 wolf reintroduction, positive effects have been reported on the park's biodiversity.

④ The Yellowstone National Park opened to protect the existing wolves in 1926.

問4　講義の続きを聞き，以下の図から読み取れる情報と講義全体の内容からどのようなことがいえるか，① ～ ④ のうちから 1 つ選びなさい。

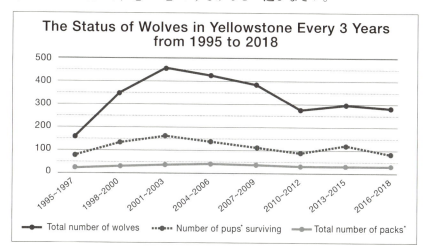

pup ＝ a young wolf

pack ＝ a group of wild animals that hunt together

① The number of packs has been steadily increasing until today.

② The number of pups surviving reached a peak during the late 1990s.

③ The number of wolves in a single pack hardly ever changed.

④ The number of wolves was over 100 within three years after the reintroduction.

1 短い文

1 **正解** | 問1 ④ | 問2 ② | 問3 ② | 問4 ① | 問5 ③ | 問6 ②

問1

スクリプト I don't like the one in white nor the one with long sleeves, so I'll take this, please.

和訳 白いのも，長袖のも好みではないので，これをいただきます。

①  ②  ③  ④

解説 話者の好みに合わないものを消去します。放送文の I don't like the one in white「私は白いのは好みではない」より，白いシャツの ② と ③ が消えます。nor the one with long sleeves「長袖も好みではない」より，袖のついていないショートパンツである ① が消えます。したがって，④ が正解です。

語句 not ～ nor ...「…もまた～ない」

問2

スクリプト Jenny is much taller than Jeff, and she put the book on the top shelf for him.

和訳 ジェニーはジェフよりずっと背が高く，彼のために本を一番上の棚に置いてあげた。

① ② ③ ④

解説 Jenny is much taller than Jeff「ジェニー（女子）はジェフ（男子）よりずっと背が高い」より，女子の方が男子よりも背が高い ② と ④ に絞られます。she put the book on the top shelf for him「彼女は彼のために本を一番上の棚に置いてあげた」より，女子が本を置いている ② が正解となります。

語句 the top shelf (of the bookcase)「(本棚の) 最上段の棚」

64

問 3

スクリプト My father picked me up at the airport after filling up at the gas station.

和訳 私の父はガソリンスタンドで給油したあと，空港で私を拾ってくれた。

① ② ③ ④

解説 before や after が含まれる英文では時間の前後関係を正確に聞き取る必要があります。放送文前半の My father picked me up at the airport「私の父は空港で私を拾ってくれた」より，空港から走り去る車を男性が運転し，助手席に女性が座っている ② と ③ に絞られます。後半では after filling up at the gas station「（私の父は）ガソリンスタンドで給油したあとで」と聞こえてきます。after のあとに来る情報は主節が表す内容よりも時間的に前に起きた情報なので，イラストの左の部分で男性がガソリンスタンドで給油している ② が正解となります。

語句 pick 〜 up / pick up 〜「〜（人）を車で拾う」，fill up「（車を）満タンにする」，gas station「ガソリンスタンド」

> **ここが ポイント** 時間の前後関係に注意しましょう。after のあとに聞こえてくる情報は，主節の表す内容よりも時間的に前に生じている情報。before だと，主節の表す内容よりも時間的にあとに生じている情報。**A after B なら「B→A」，A before B なら「A→B」**という時間の順序となります。

問 4

スクリプト He is thinking of going swimming at the gym, but he has too much work at the office.

和訳 彼はジムに泳ぎに行こうと思っているが，会社での仕事が多すぎる。

① ② ③ ④

解説 He is thinking of going swimming at the gym「彼はジムに泳ぎに行こうと思っている」より，頭の中で泳ぐことを思い描いている ① か ② に絞られます。

次に but he has too much work at the office「しかし会社での仕事が多すぎる」より，現在彼は会社で仕事をしていることがわかるので，これに合う ① が正解になります。

語句　gym 名「ジム」

問5

スクリプト　She sent an email from her mobile phone just before leaving school for home.

和訳　彼女は家に向けて学校を出る直前に，携帯電話からメールを送った。

解説　She sent an email from her mobile phone「彼女は携帯電話からメールを送った」の部分はすべてのイラストに表されているので，この情報だけでは選択肢を絞れません。just before leaving school for home「家に向けて学校を出る直前に」の部分を聞き取ると，学校を出る直前にメールを送ったことがわかるので，③ が正解になります。before のあとに述べられた情報は，主節の内容よりも時間的にあとの情報です。本問では「メールを送る」→「学校を出る」という順序です。

語句　mobile phone「携帯電話」

問6

スクリプト　To get to the bookstore, turn right at the next corner, and you can see it immediately on your left.

和訳　書店に行くには，次の角を右に曲がってください。そうすればすぐ左側に見えますよ。

解説　地図の中で目的地を指定する問題です。聞こえてきた順に道をたどっていきましょう。まず，turn right at the next corner「次の角を右に曲がってください」と聞こえたので，地図の上で，まっすぐ進んで次の角を右に曲がります。次にand you can see it immediately on your left「そうすればすぐ左側に見えますよ」と聞こえたので，右に曲がったあとすぐ左側に位置するところを探します。

正解は ② です。

[語句] immediately 副「すぐ，即座に」

正解

| 問1 | ② | 問2 | ④ | 問3 | ① | 問4 | ④ | 問5 | ② |

[スクリプト] The doctor advised Ken to change his diet to lose weight.

[和訳] その医師はケンに減量のために食生活を変えるよう助言した。

① ケンはもっと運動するよう言われた。

② ケンは新しい食習慣を始めるよう促された。

③ ケンはすでに食事の量を減らし始めた。

④ ケンはどうにか体重を落とした。

[解説] 放送文の The doctor advised Ken to「医師はケンに～するよう助言した」は，② の Ken was encouraged to に言い換えられます。また，change his diet「食生活を変える」は，② の start new eating habits に言い換えられます。以上より，② が正解です。① は get more exercise「もっと運動する」の部分が放送文の内容に含まれていません。③ と ④ はどちらもすでに減量を始めた［減量した］という意味になり，放送文の内容と矛盾します。

[語句] diet 名「食事（法），食生活」，lose weight「体重を減らす」，encourage ～ to do「～に…するよう促す［勧める］」，eating habit「食習慣」，manage to do「どうにか…する」

ここが ポイント　同じ内容を別の表現で言い換えている部分に注意しましょう。advise → encourage，diet → eating habits，organization → group，can't catch → lose など。

[スクリプト] Mary didn't want to go shopping, so her husband went for her.

[和訳] メアリーは買い物に行きたくなかったので，彼女の代わりに夫が行った。

① メアリーは夫の代わりに買い物に行くのは嫌だった。

② メアリーは夫と買い物に行った。

③ メアリーの夫は彼女の代わりに買い物に行くのは嫌だった。

④ メアリーの夫は彼女の代わりに買い物に行った。

[解説] 放送文に her husband went for her「彼女の代わりに夫が行った」とあり，文脈より went は went shopping のことで，for her は instead of her と言い換え

られるので, ④ が正解になります。for には「〜の代わりに」という意味の「代理・代用」の用法があります（例：Could you write it down for me?「代筆していただけますか」）。① は, Mary didn't want to go shopping「メアリーは買い物に行きたくなかった」の部分は放送文と一致しますが, for her husband「夫の代わりに」の部分が放送文と合いません。

語句　instead of 〜「〜の代わりに」

問3 ∿∿

スクリプト　The music the people next door were listening to was too loud for John to ignore.

和訳　隣人が聞いている音楽はジョンにはうるさすぎてやり過ごすことができなかった。

① ジョンは彼らの音楽に悩まされていた。

② ジョンは彼らの音楽に注意を払わなかった。

③ ジョンは非常に大きな音で音楽を流した。

④ ジョンは大きな音の音楽を聞いていた。

解説　放送文の was too loud for John to ignore は「（隣人が聞いている音楽は）ジョンが無視するにはうるさすぎた, うるさすぎてジョンは無視できなかった」という意味なので, John was bothered「ジョンは（彼らが流している音楽に）悩まされていた」と言い換えることができます。したがって, ① が正解です。② の paid no attention to their music「彼らの音楽に注意を払わなかった」は放送文と矛盾します。③ と ④ はジョン自身がうるさい音楽の発生源になってしまうので不適です。

語句　too 〜 for A to do「Aが…するには〜すぎる, 〜すぎてAは…できない」, ignore 動「〜を無視する」, bother 動「〜を悩ます」

問4 ∿∿

スクリプト　The students founded the organization to raise money for people in need.

和訳　生徒たちは生活に困っている人々のためにお金を集めるための団体を設立した。

① 彼らはその団体が社会で必要だとわかった。

② 彼らは自分たちの地域社会を支援するのにその団体を必要とした。

③ 彼らは日常の必需品を売るためにその団体を立ち上げた。

④ 彼らは貧しい人々を助けるためにその団体を起こした。

解説　放送文の founded the organization「団体を設立した」は, ③ の set up the group, または ④ の started the group に言い換えられます。to raise money for people in need は, ④ の to help poor people に言い換えられます。以上よ

り，④ が正解になります。① の found は find「〜を見つける，〜とわかる」の過去形で，放送文の found(ed) とは別の語なので，引っかからないように。

[語句] found 動「〜を設立する」，organization 名「団体，組織」，raise 動「〜（お金など）を集める」，in need「助けが必要で，（生活に）困って」，necessity 名「(-ties で) 必需品」

問 5 ∞∞∞

[スクリプト] If the police officer had not fallen down, he would have caught the thief.

[和訳] もしその警察官が倒れなかったら，泥棒を捕まえていただろうに。

① その警察官は泥棒を捕まえた。

② その警察官は泥棒を捕まえ損ねた。

③ その泥棒は逃げることができなかった。

④ その泥棒は警察官を捕まえた。

[解説] 放送文は仮定法過去完了の文なので，過去の事実と相反する内容が述べられたことになります。つまり，放送文の内容を事実としてとらえ直すと「その警察官は倒れたので，泥棒を捕まえられなかった」という意味になります。これは The police officer lost the thief.「その警察官は泥棒を捕まえ損ねた」といえるので，② が正解です。① と ③ は泥棒が捕まえられたことを意味するので，上述の事実と矛盾します。

[語句] fall down「倒れる，転ぶ」，thief 名「泥棒，窃盗」，get away「逃げる」

ここが♥ポイント 英文の内容に合うものを選ぶ問題では，選択肢の英文の内容が，聞き取った英文の内容の一部であっても，事実関係に矛盾がなければ正解となります。

例）〈放送文〉He went out shopping with his wife last Sunday.
　　〈選択肢〉He went out with his wife.（正解）

---

1 **正解** 問1 ③ 問2 ② 問3 ① 問4 ②

問 1

スクリプト W: It stopped raining!

M: Yes! We haven't been able to use the school yard for a week!

W: I'm sick of using the gym. It's been crowded with students.

M: Members of the soccer club and the baseball club have also been practicing indoors.

W: Oh, I forgot my racket. Please go ahead. I'll fetch it from my locker.

Question: What club do they belong to?

和訳 女性：雨がやんだわ！

男性：そうだね！ 校庭を1週間も使うことができていないよ！

女性：体育館を使うのはうんざり。生徒たちでずっと混雑していたから。

男性：サッカー部や野球部の部員たちも屋内で練習していたよね。

女性：あ，ラケットを忘れちゃった。先に行ってて。ロッカーから取ってくるから。

質問：彼らは何のクラブに所属しているか。

① ② ③ ④

解説 2人は対話の前半で雨がやんで校庭を使えることを喜んでいるので，彼らが所属しているクラブは屋外で行うクラブだと考えられます。また，女性の最後の発話 I'll fetch it (＝ my racket) from my locker. よりラケットを使うクラブだとわかりますので，③のテニス部が正解です。卓球は屋外で行われることはないと考えて，④は正解となりません。このように答えが直接提示されていなくても，複数の条件から判断して答えを導くというタイプの問題もよく出題されます。

語句 school yard「校庭」，*be* sick of ～「～にうんざりしている」，*be* crowded with ～「～で混雑している」，fetch 動「～を取ってくる」

問 2

スクリプト M: Can you tell me what you want to do here?

W: I'd like to work as a delivery person.

M: Do you have any experience in doing that kind of work?

W: Almost. I delivered pizza by bicycle for a while, but now I've got a driver's license.

Question: What job does the woman most likely want?

和訳 男性：こちらでどのようなことをしたいか聞かせてくれますか。

女性：配達員として働きたいです。

男性：その種の仕事をした経験はお持ちですか。

女性：近い経験があります。しばらくの間自転車でピザを配達していました。でも今は運転免許があります。

質問：女性はどんな仕事を希望していると考えられるか。

① 　　　　② 　　　　③ 　　　　④

解説 どのような仕事をしたいかという男性の質問に対して女性は I'd like to work as a delivery person. 「配達員として働きたいです」と答えているので，① か ② に絞られます。女性は，男性から仕事の経験の有無について問われると，I delivered pizza by bicycle for a while, but now I've got a driver's license. 「しばらくの間自転車でピザを配達していました。でも今は運転免許があります」と答えていますので，運転免許が使える配達の仕事を希望しているということになります。したがって，② が正解です。これも与えられた条件から答えを推測する問題です。

語句 delivery 名 「配達」，deliver 動 「～を配達する」，for a while 「しばらくの間」

問 3

スクリプト W: Do you know how to get to the nearest bank?

M: Sure. Walk along this avenue for two blocks and then turn left on 2nd Street.

W: OK. Walk up to 2nd Street.

M: Yes. And turn left on the street and it's at the end of the block.

W: Is it on the left-hand side?

M: No, it's on the right.

Question: Where is the bank on the map?

和訳 女性：最寄りの銀行への行き方をご存じですか。

男性：もちろん。この大通りを2ブロック進んで，セカンドストリートを左に曲がってください。

女性：わかりました。セカンドストリートまで歩くんですね。

男性：そうです。そしてその通りを左に曲がると，そのブロックの端にありますよ。

女性：それは左側にありますか。

男性：いいえ，右側です。

質問：銀行は地図上でどこにあるか。

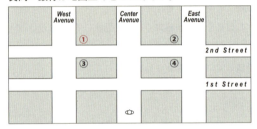

解説 地図上で場所を特定する問題です。対話が聞こえてきたらすぐに，対話内で説明された順序どおりに道をたどるようにしましょう。女性に最寄りの銀行はどこかと尋ねられた男性は，第1発話で Walk along this avenue for two blocks and then turn left on 2nd Street. と説明し，第2発話で And turn left on the street and it's at the end of the block. と説明しているので，最寄りの銀行は「大通りを2ブロック進んで，セカンドストリートを左に曲がり，そのブロックの端にある」ことがわかるので，この時点で，① か③ に絞られます。その後，ブロックの端の左側にあるかと尋ねた女性に対して，男性は No, it's on the right.「いいえ，右側です」と答えています。したがって，正解は ① です。あらかじめ地図を見て，1ブロック進むのか，2ブロック進むのか。左に曲がるのか，右に曲がるのか。左側にあるのか，右側にあるのか。こういった情報が対話の中で示されるということを把握しておくことが大切です。

語句 avenue 图「大通り」（米国ではしばしば avenue が南北，street が東西に通る道路）

問4

〰〰〰

スクリプト M: Is that everything?

W: Yes.　Thank you.

M: These face masks are all in a small size.　Is that OK?

W: Oh, no, I wanted large for my husband.　I'll go change one of them.

Question: Which masks will the woman buy?

和 訳
男性：お買い物はそれで全部ですか。

女性：はい。ありがとうございます。

男性：このマスクはすべて S サイズです。それでよろしいですか。

女性：あら，いけない，夫のために L サイズが欲しかったんだわ。1 つ取り替えます。

質問：女性はどのマスクの組合せを買うか。

① 　② 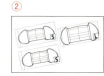　③ 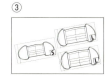　④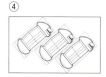

解 説
イラストから女性が購入するマスクのサイズが問題になっていることがわかります。男性店員が第 2 発話で These face masks are all in a small size. Is that OK?「このマスクはすべて S サイズです。それでよろしいですか」と女性に確認しています。この時点で ① のイラストが答えの候補になりますが，女性はこれに対して Oh, no, I wanted large for my husband. I'll go change one of them.「あら，いけない，夫のために L サイズが欲しかったんだわ。1 つ取り替えます」と言って，S サイズのマスクを 1 つ L サイズに交換することがわかります。したがって，② が正解になります。このように対話の問題では，最初に出た情報があとから訂正されることがよくあります。情報の修正に対して心の準備をしておきましょう。

語 句　go change「取り替える」

ここが　ポイント

・あらかじめイラストを点検し，**情報の差異**を確認しておきましょう。

・対話から**条件**を聞き取り，正解のイラストを絞り込んでいきましょう。

・対話の中で示される条件は二転三転することが多いです。**最後まで気を抜かな**いようにしましょう。

問1

スクリプト W: Excuse me, is this the right platform for the community center?

M: No, this platform is for track numbers one and two. You should wait at track three on the opposite platform.

W: Do you know which train I should take?

M: Take any train bound for Nakamachi or Kencho-mae.

和訳 女性：すみません，コミュニティーセンターに行くにはこのホームで合っていますか。

男性：いいえ，このホームは１番線と２番線です。反対側のホームの３番線で待ったほうがいいです。

女性：どの列車に乗ればいいかわかりますか。

男性：「中町」行きか「県庁前」行きの列車ならどれに乗ってもいいです。

質問：女性は次に何をするか。

① コミュニティーセンターの近くで列車を降りる。　② 反対側のホームに行く。

③ １番線か２番線に来る列車に乗る。　④ 「県庁前」行きの列車だけを待つ。

解説 女性がコミュニティーセンターに行きたいがこのホームでいいかと男性に尋ねると，男性は，No, this platform is for track numbers one and two. You should wait at track three on the opposite platform. と言って，ここではなく反対側のホームの３番線で待つよう助言します。そのあと，女性はどの列車に乗るべきか尋ねていますが，これは３番線に来る列車のうちどれに乗ればいいかということなので，女性が次にすることは，「反対側のホームに行くこと」で，正解は ② です。① は，女性が列車に乗ったあとにとる行動として予想されますが，この対話の場面の直後にとる行動ではないので不適です。③ は，男性の最初の発話より，待つべき列車は３番線に来ることがわかるので不適です。④ は，男性の最後の発話より，女性の乗るべき列車は「中町」行きでもよいことがわかるので不適です。platform, track, train などの語が出てきますが，それぞれの意味を取り違えないようにしましょう。

語句 platform 名「(プラット)ホーム」，track 名「(鉄道のプラットホームの)番線」，opposite 形「反対側の」，bound for ～「～行きの」

問2

スクリプト M: What is the earliest day I can make an appointment?

W: Would you like to come at 2 p.m. on Tuesday?

M: Do you have any earlier time on that day?

W: I'm afraid we don't. But 9 a.m. on the next day would be available.

M: Fine. I'd like to come at that time.

和訳 男性：予約の取れる一番早い日はいつですか。

女性：火曜日の午後2時はいかがですか。

男性：その日のもっと早い時間はありませんか。

女性：残念ながらございません。ですが，その次の日の午前9時ならお取りできますよ。

男性：それでいいです。その時間に参ります。

質問：男性はいつ歯医者に行くか。

① 火曜日午前9時。　② 火曜日午後2時。

③ 水曜日午前9時。　④ 水曜日午後2時。

解説 女性の最初の発話 Would you like to come at 2 p.m. on Tuesday? より，男性は予約日時として「火曜日午後2時」を提案されたことがわかります。男性は同日のもっと早い時間を希望しますがそれは断られて，その代わり But 9 a.m. on the next day would be available.「ですが，その次の日の午前9時ならお取りできますよ」と再提案を受けます。この「次の日」というのは女性が最初の発話で提案した「火曜日」の次の日ですから，水曜日ということになります。男性はこの提案に Fine. と言って了承していますので，正解は ③ の「水曜日午前9時」です。こうした数値情報は，記憶に頼らず，なるべくメモをとって記録するようにしましょう。

語句 make an appointment「(面会などの) 予約を取る」，available 形「空いている，利用できる」

問3

スクリプト M: Oh, the game has already started.

W: Yes, but the Blue Dragons are behind, although they made one goal first in the beginning.

M: So the Red Borders scored two goals already, didn't they?

W: No. Actually three.

M: Oh, they are unstoppable this season.

和訳 男性：ああ，もう試合が始まっているね。

女性：そうよ，でもブルードラゴンズは負けているわ。最初のほうで先に1ゴールあげたんだけどね。

男性：ということは，レッドボーダーズはもうすでに2点取ったということだね。

女性：いいえ。実は3点なの。

男性：ああ，今シーズンの彼らは手がつけられないな。

質問：ゲームの状況はどうか。

① ブルードラゴンズが 3 対 1 でリードしている。

② ブルードラゴンズが 2 対 1 でリードしている。

③ レッドボーダーズが 3 対 1 でリードしている。

④ レッドボーダーズが 2 対 1 でリードしている。

解説 女性の最初の発話 the Blue Dragons are behind, although they made one goal first in the beginning より，ブルードラゴンズは初め 1 点先行したものの，すでに逆転されたことがわかります。それを聞いた男性が So the Red Borders scored two goals already, didn't they?「ということは，レッドボーダーズはもうすでに 2 点取ったということだね」と確認すると，女性はそれを訂正して Actually three.「実は 3 点なの」と言っていますので，レッドボーダーズがブルードラゴンズを 3 対 1 でリードしているということがわかります。したがって正解は ③ です。選択肢を先に読み，あらかじめ勝ち負けと得点を聞く心づもりを持っておきましょう。

語句 behind 副「遅れて，リードされて」，unstoppable 形「止められない，手がつけられない」

問 4 ∿∿

スクリプト M: What time shall we leave home?

W: I think we should leave at 6 a.m.

M: So early?

W: We need to arrive at the airport two hours before the departure time.

M: And it will take almost one hour to the airport from home, right?

W: Yes. That's why we have to leave so early.

和訳 男性：僕たち何時に家を出ようか。

女性：午前 6 時には出たほうがいいと思う。

男性：そんなに早いの？

女性：空港には出発時刻の 2 時間前に着いておく必要があるわ。

男性：それに家から空港まで 1 時間近くかかるから，ということ？

女性：そうよ。だからそんな早くに家を出ないといけないの。

質問：彼らの乗る飛行機はおそらく何時に離陸するか。

① 午前 6 時。　　② 午前 7 時。　　③ 午前 8 時。　　④ 午前 9 時。

解説 女性の最初の発話 I think we should leave at 6 a.m. より，家を 6 時に出ることがわかります。また女性の次の発話 We need to arrive at the airport two hours before the departure time. および，続く男性の発話 And it will take almost one hour to the airport from home, right? より，家を出てから飛行機が出発するまで合計3時間ほどだとわかります。6時に3時間を足しますので，正解は ④ の午前9時です。数値が含まれる問題ではこのように簡単な計算が必要な場合もあります。また，質問の意味を取り違えないことも重要です。本問で問われているのは家を出る時刻ではなく，飛行機の出発時刻です。

語句 departure 名「出発」，take off「（飛行機が）離陸する」

問5 ∿∿∿∿∿∿∿∿∿∿∿∿∿∿∿∿∿∿∿∿∿∿∿∿∿∿∿∿∿∿

スクリプト
M: My writing was nominated for The Blue Style Magazine Award.
W: Wow, congratulations!
M: Thank you, but I've not yet heard whether I've won.
W: When will you find out the results?
M: I think it will be announced next week.

和訳
男性：僕の作文が「ブルースタイルマガジン賞」の受賞候補に挙がったよ。
女性：わあ，おめでとう！
男性：ありがとう，でも賞がとれたかどうかはまだ聞いていないんだ。
女性：結果はいつわかるの？
男性：来週に発表されると思う。
質問：会話によると，どれが正しいか。
① 男性は来週賞を受け取る。
② 男性の作文は賞の候補に挙がっている。
③ 女性は男性が受賞したことを知っていた。
④ 女性は賞の結果を発表する予定だ。

解説
男性の最初の発話 My writing was nominated for The Blue Style Magazine Award. より，正解は ② です。男性の作文は候補に挙がっただけであって受賞は確定していないので，① と ③ は不適です。女性は男性に When will you find out the results? と尋ねていますので，女性が結果を発表することはあり得ません。したがって，④ も不適です。

語句 nominate 動「～を候補に挙げる」，award 名「賞」

ここが ポイント

・先に選択肢を読み，聞き取りのポイントを押さえておきましょう。
・数値情報は記憶に頼らず，メモをとり，計算が必要な場合に備えましょう。

3 短いモノローグ

1 正解 　問1 ④ 　問2 ① 　問3 ③

問1

スクリプト　The Suzuki family went to an amusement park last Sunday. In the morning, they drove 60 kilometers from their home to the park in an hour and a half. In the evening, however, they were caught in a traffic jam on their way home and the trip took two hours and a half.

Question: How many hours did the Suzuki family drive last Sunday?

和訳　鈴木家はこの間の日曜日に遊園地に行った。朝は車で自宅から遊園地まで60キロの道のりを1時間半で行った。しかし，夕方は自宅に帰る途中で渋滞に巻き込まれて，その行程に2時間半かかった。

質問：この間の日曜日，鈴木家は何時間車に乗っていたか。

① 1.5時間。　　② 2.5時間。　　③ 3時間。　　④ 4時間。

解説　選択肢を見るとすべて時間になっています。聞こえてくる英文のうち時間の情報に注意して聞き取ります。第2文で In the morning, they drove ... an hour and a half. と聞こえてきたので，まず行きにかかった時間が「1時間半」であるとわかりました。次に In the evening, ... the trip took two hours and a half. と聞こえたので，帰りにかかった時間が「2時間半」であるとわかりました。質問では，「この日の車で移動した合計時間」を聞いています。したがって，1.5＋2.5＝4時間となり，正解は ④ です。質問を聞くまでは「行きにかかった時間」，「帰りにかかった時間」，「行きと帰りの時間の差」，「行きと帰りの合計時間」など，いくつかの質問の可能性があり，それらに対応できるようにしておかなければなりません。数に関する問題では，簡単な計算を求められることも多いので数字のメモを忘れないでください。

語句　amusement park「遊園地」，traffic jam「交通渋滞」

ここがポイント　数字が聞こえてきたらメモをとって計算に備えましょう。

問2

スクリプト　Animal assisted therapy is a type of medical treatment that involves

78

animals. Dogs and horses are the most common animals that are used for
the therapy. Although its effectiveness is still unclear, a large number of
studies show that this type of therapy works well for psychological
disorders. It is used not only in medical settings but is also applied to
educational programs. In fact, a one-year-old dog, Harry, for example, who
goes to Cabramatta High School in Sydney, helps reduce any stressful
feelings that students may have. He supports their studies by just being
there. He sits with them in the classroom without judging anybody.

Question: How does Harry help students?

和 訳　動物介在療法は動物がかかわる一種の医療行為だ。犬と馬がこの療法に使われる最も一般的
な動物である。その効果はまだはっきりとわかっていないものの，多くの研究はこの種の療
法が心理障害によく効くことを示している。これは医療の現場だけでなく，教育プログラム
にも応用されている。実際，例えばハリーという1歳の犬がシドニーのカブラマタ高校に行
き，生徒が抱えているかもしれない何らかのストレス的な感情を軽減するのに役立っている。
ハリーはただその場にいるだけで，生徒の勉強を支援するのだ。彼は誰のことも評価せず，
生徒とともに教室に座っている。

質問：ハリーは生徒をどのように助けているか。

① 　その場にいることで。　　　　② 　生徒を評価することで。

③ 　医薬療法を提供することで。　④ 　生徒を教えることで。

解 説　選択肢はすべて by *doing* の形になっています。by *doing* は「…することによ
って」という意味で，何かを行う際の手段を表します。音声を聞くと前半の4
文は animal assisted therapy の説明です。animal assisted therapy は動物を
使った医療行為で，特に心理障害に効果があり，教育の場でも利用されている
と言っています。In fact から始まる第5文以降は具体例で，Harry という犬が
登場します。ハリーはある高校で生徒のストレスを軽減するのに役立っている
そうです。そして第6文に He supports their studies by just being there.「ハ
リーはただその場にいるだけで，生徒の勉強を支援する」とあり，これが選択
肢の1つ By being there.「その場にいることで」と同じ内容です。質問は How
does Harry help students? ですので，① が正解となります。② の By judging
students. に近い表現が第7文にありますが，without judging anybody「誰の
ことも評価することなしに」であり，質問にある「ハリーが生徒を助ける手段」
にはならないので不適です。このような難易度の高い講義形式の英文であって
も，選択肢を先に読むことで，必要な情報がある程度予測できるので，「一語
一句聞き取って理解しなければ」と焦らず，聞き取るべき情報を逃さないつも
りで取り組みましょう。

animal assisted therapy「動物介在療法」, medical treatment「医療, 治療」, involve 動「〜がかかわる」, effectiveness 名「効果」, psychological 形「心理の」, disorder 名「障害, 不調」, setting 名「現場, 設定」, apply 〜 to ...「〜を…に応用する」, educational 形「教育の」, reduce 動「〜を軽減する」

ここがポイント 選択肢を先に読み, 聞き取るべき情報を頭に入れておくことで, 必要な情報を聞き逃さないようにしましょう。

問3

スクリプト　　I have to cancel my Internet service in my apartment because I'm going to be transferred overseas for my job next month. I called the service company, and I got the following prerecorded message.

Thank you for calling Ultra Internet Service. Please note that this telephone conversation is to be recorded in order to improve our service. If you have a question about your payment or would like to change your payment plan, press one. If you are experiencing trouble with our Internet service, press two. If you would like to stop using our service or change your service location, press three. For all other questions, please stay on the line. We will connect you to an operator from our customer service center.

和訳　　私は来月仕事で海外に転勤することになっているので, アパートのインターネットサービスを解約しなければなりません。サービス会社に電話をしたところ, 次のような録音メッセージが流れました。

「ウルトラインターネットサービス」にお電話をいただきありがとうございます。この通話はサービス向上のために録音されることをご承知おきください。お支払いに関するお問い合わせや支払いプランの変更を希望される方は, 1を押してください。当社のインターネットサービスご利用に際しトラブルが生じている場合は, 2を押してください。当社サービスのご利用の停止, またはサービスを利用する場所の変更を希望される方は, 3を押してください。その他のお問い合わせはすべて, そのまま電話を切らずにお待ちください。カスタマーサービスセンターのオペレーターにおつなぎします。

質問：男性は次に何をしたと考えられるか。

① 1を押した。　　② 2を押した。

③ 3を押した。　　④ 電話を切らずに待った。

解説　　この問題には質問と選択肢の両方が紙面に書かれているので, まずそれを確認

します。選択肢は，1～3のどれかのボタンを押した，あるいは電話を切らずにそのままにしていた，というものです。選択肢から「電話」が関係していることが予測できます。音声を聞くと，まず男性の声で，I have to cancel my Internet service in my apartment because ... と説明されました。「海外に転勤するので，インターネットサービスを解約したい」ということのようです。次に女性の声が流れてきます。よく耳にする録音メッセージです。この説明によると，支払いに関する質問は1，トラブルの解決は2，サービスの停止は3を押す，またその他の問い合わせがある人は電話を切らずに待つようにとのことです。男性はサービスの解約，つまり停止を希望しているので，男性がおそらく次にしたのは「3を押した」ということになるでしょう。したがって，正解は ③ です。この問題は最初に状況設定があり，次に複数の条件が説明され，最初の状況に合うものをあとの条件から選ぶという形になっています。この問題のような状況設定は，海外に住むことになれば普段の生活で出くわす可能性のある場面です。近年，こうした実用的な英語が大学入試で出題される傾向が高まっています。

語句 cancel 動「～を解約する」，*be* transferred「転勤になる」，prerecorded 形「あらかじめ録音された」，Please note that *SV*.「…ということにご留意ください」，stay on the line「電話を切らずに待つ」，connect ～ to ...「～を…につなぐ」

---

2 **正解** **問1** ② **問2** ③ **問3** ③ → ② → ① → ④

問1

スクリプト Hello, Mr. Lee, this is James from Jam Auto Shop calling with some information regarding your car repair. I know we told you that it would take until next Monday to get the part we ordered, but we got the part much earlier than expected and I've just finished the repairs. I'm afraid that we close every Wednesday, so tomorrow we can't return it, but I wanted to let you know you can pick up your car anytime the day after tomorrow.

Question: When can Mr. Lee pick up his car from Jam Auto Shop if he wants to as soon as possible?

和訳 もしもし，リーさん，こちらはジャムオートショップのジェイムズです。あなたの車の修理についてお伝えしたいことがあるので電話をしています。私たちが注文した部品が届くのに今度の月曜日までかかると申し上げたわけですが，部品が思ったよりずっと早く届きまして，たった今修理を終えました。あいにく毎週水曜日は定休日ですので明日はお車をお返しできないのですが，明後日でしたらいつでもお車を取りに来ていただけることをお知らせしたい

と思いました。

質問：リーさんは，できるだけ早く自分の車をジャムオートショップへ取りに行きたい場合，いつそれができるか。

Monday	Tuesday	Wednesday	Thursday	Friday	Saturday	Sunday
	1	2	3	4	5	6
7	8	9 ①	10 ②	11 ③	12 ④	13 ⑤
14 ⑥	15 ⑦	16	17	18	19	20
21	22	23	24	25	26	27
28	29	30	31			

解説 カレンダーが与えられており，9日水曜日から翌週15日火曜日まで選択肢 ① 〜 ⑦ がありますので，日付や曜日に注意して聞き取ればよいことがわかります。音声では，自動車修理工場の従業員らしき人からのメッセージが流れてきます。日付や曜日に注意して聞くと，第2文で it would take until next Monday ..., but ... and I've just finished the repairs と言っており，月曜日に届くはずだった部品が予定より早く届き，もう修理は終わったということがわかります。ここでは最初に Monday という曜日の情報が出ますが，but という逆接の接続詞のあとで，この情報が打ち消されることに注意してください。そして次の文で we close every Wednesday, so tomorrow we can't return it とまず言い，明日水曜日は定休日のため車の引き取りはできないことを説明し，次に but ... you can pick up your car anytime the day after tomorrow と言っています。明日が水曜日ということですから，明後日は木曜日になります。つまり木曜日に車の引き取りができるというわけです。ここでも Wednesday と言ったあとに，but に続く文でその情報に上書きをして，the day after tomorrow につなげていることに注意してください。質問は，「最短で引き取り可能な日」ですので，正解は ② の「木曜日」となります。あらかじめカレンダーを確認し，日付や曜日に注意して聞くという心がまえができていれば，ただ漫然と聞くよりも，認識の精度は上がるはずです。また，一度出された情報が but のあとで上書きされて新しい情報に変わっていくことも多いので，逆接の接続詞 but に注意し，そのあとの情報を聞き逃さないようにしましょう。

語句 regarding 〜 前「〜に関する」，part 名「部品，パーツ」

ここが ポイント あらかじめ与えられた図を確認しておき，音声の中の，聞き取るべき情報に意識を集中させましょう。**逆接の接続詞や副詞のあとに重要な情報が来ることが多いので，but や however のあとは特に注意して聞きましょう。**

問 2

スクリプト　Attention, all passengers. Air Japan Flight 99 scheduled to depart at 4:30 p.m. for Vancouver has been delayed. The new departure time has been changed to 6:30 p.m. this evening. The original gate number, B4, has also changed. The new gate number is now C12. All passengers are kindly reminded that they must be at the gate at least 30 minutes prior to departure. We sincerely apologize for any inconvenience that this unforeseen delay may cause you today. Thank you for your attention.

和訳　ご搭乗のみなさまにお知らせいたします。午後 4 時 30 分に出発予定のエアージャパン 99 便バンクーバー行きに遅れが生じております。新たな出発時刻は本日午後 6 時 30 分に変更になりました。最初にお伝えしたゲート番号 B4 も変更になりました。現在，新たなゲート番号は C12 です。ご搭乗のみなさまは遅くとも出発の 30 分前にはゲートにお越しくださいますようお願い申し上げます。この予定外の遅れによって本日生じましたご不便に関しまして，心よりお詫び申し上げます。お知らせは以上です。ありがとうございました。

①
Departures			
TIME	TO	GATE	REMARK
4：30	VANCOUVER	B4	ON TIME

②
Departures			
TIME	TO	GATE	REMARK
6：30	VANCOUVER	B4	DELAYED

③
Departures			
TIME	TO	GATE	REMARK
6：30	VANCOUVER	C12	DELAYED

④
Departures			
TIME	TO	GATE	REMARK
6：00	VANCOUVER	C12	DELAYED

解説　問いの文中に「新しい表示として最も適切なもの」を選ぶよう指示があり，選択肢には空港での出発便の表示らしきものが 4 つ並んでいます。出発時刻には，4：30, 6：00, 6：30 の 3 種類，行き先にはすべてバンクーバー，ゲートには B4 または C12，備考には「定刻」または「遅延」と表示されています。音声を聞くと，最初に Air Japan Flight 99 scheduled to depart at 4:30 p.m. for Vancouver has been delayed. と，4 時 30 分発予定のバンクーバー行きに遅れが生じているという内容のアナウンスが聞こえてきます。この時点で備考に「定刻」とある ① が消去され，「遅延」とある ②，③，④ が候補に挙がります。第 3 文で The new departure time has been changed to 6:30 p.m. this evening. と聞こえ，新たな出発時刻が 6 時 30 分であるとわかるので，② か ③ に絞られます。次に The new gate number is now C12. と聞こえてきたので，新たなゲート番号が C12 であることがわかり，正解は ③ ということになります。この問題も音声を聞く前に選択肢の違いを確認しておくことで，聞き取りのポイントを絞ることが容易になります。

語句　depart 動「出発する」，be delayed「遅れている」，departure 名「出発」，be kindly reminded that *SV*「…ということにどうぞご注意ください」, prior to ～「～より前に」, sincerely 副「心から」, apologize 動「謝る」, inconvenience 名「不便」, unforeseen 形「予期せぬ」, delay 名「遅れ」

問3

スクリプト　When I was going to leave home this morning, I couldn't find the baseball cap which I always wear when I go out to watch baseball games. Though I was looking for it for a while, I couldn't find it anywhere in the house, so I left home without it. I went to the train station to go to the baseball stadium. When I was going to go through a gate, however, I realized my wallet was not in my pocket. My railway IC card was in the wallet. I must have left it home as I was too concerned about finding my cap. Just in case, I searched my backpack for the wallet and I couldn't find it, but instead of that, the missing cap was in there. I had to buy a train ticket, but I didn't have any money. I gave up watching the game and went back home with the cap on.

和訳　今朝家を出ようとしたとき，野球の試合を見に行くときにはいつもかぶっていく野球帽が見つからなかった。しばらく探したけれども，家の中のどこにも見つからなかったので，それをかぶらずに家を出た。野球場に行くために鉄道の駅に向かった。しかし，改札を通り抜けようとしたとき，ポケットに財布が入っていないことに気がついた。私の鉄道用のICカードは財布の中に入っていた。野球帽を探すのに夢中になりすぎて財布を家に忘れてしまったに違いない。念のため財布があるかどうか，バックパックの中を探すと，財布は見当たらず，代わりになくなっていた帽子が入っていた。列車の切符を買わなければならなかったが，私はお金を持っていなかった。私は試合を見るのをあきらめて，帽子をかぶって家に帰った。

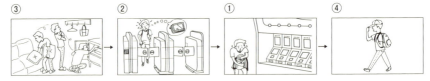

解説　あるストーリーを聞いて，ランダムに並んだ場面を時系列に並べ替える問題です。① は少年が駅の切符売り場でバッグの中を見ている場面，② は少年が駅の改札の前にいる場面，③ は少年が家で何か探し物をしている場面，④ は少年が道を歩いている場面で，この場面だけ少年は帽子をかぶっています。音声を聞くと，最初の2文で I couldn't find the baseball cap ... I was looking for it

... I couldn't find it anywhere in the house ... と説明があり，これによると，「家の中で野球帽を探した」ということがわかるので，最初の場面は ③ に決まります。I left home without it と言っているので，帽子をかぶっている ④ は当てはまりません。次に，駅に向かうも When I was going to go through a gate, however, I realized my wallet was not in my pocket. My railway IC card was in the wallet. と，「改札で IC カードを入れた財布がないことに気づいた」場面が描かれます。この場面にふさわしいイラストは ② です。そして I searched my backpack for the wallet and I couldn't find it と，「バックパックの中を探したが財布が見つからなかった」ことが語られます。この場面にふさわしいのは，券売機の近くでバックパックの中を見ている ① です。話は「なくなっていた帽子がバックパックの中にあった」，「切符を買うお金がなかった」と続き，最後に went back home with the cap on と説明され，「帽子をかぶって家に帰った」ことがわかりますので，残りの場面は ④ ということになります。この問題もあらかじめイラストを観察し，各イラストに描かれる場面の特徴を意識に上らせておくことで，音声を聞きながらよりスムーズに場面を特定することができるようになります。

語句 for a while「しばらくの間」，（ticket）gate 名「改札」，*be* concerned about 〜「〜に気づかっている，〜について心配している」，just in case「念のため」

3 **正解**

問1	A	③	B	①	C	④	D	②

問1	A ③	B ①	C ④	D ②
問2	A ③	B ②	C ④	D ①
問3	A ⑤	B ③	C ①	D ③	問4 ③

問1

スクリプト The graph shows the total number of hours worked by four employees, Lisa, Nancy, Paul, and Steve, in February and March last year. In March, Paul and Steve had the greatest number of working hours. The person who had the smallest amount of change in working hours between February and March was Nancy, while the person who had the greatest amount of change is Steve.

和訳 グラフは，リサ，ナンシー，ポール，スティーブという4人の従業員が昨年の2月と3月に働いた労働時間数の合計を示している。3月は，ポールとスティーブが最も長い時間働いた。2月と3月で最も労働時間の変化が小さかったのはナンシーで，最も大きかったのはスティーブだった。

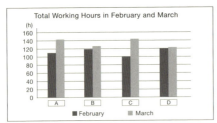

① リサ　　② ナンシー　　③ ポール　　④ スティーブ

【解説】　与えられたグラフのタイトルは「2月と3月の総労働時間数」で、選択肢はいずれも人の名前です。グラフの縦軸の数字はタイトルから労働時間ということがわかり、濃い色の棒が2月の労働時間数、薄い色の棒が3月の労働時間数を表しています。例えば、2月の労働時間数が最も長いのは B と D がだいたい同列で並んでいて、3月の労働時間が最も長いのは A と C がやはり同列で並んでいます。音声を聞くと、第2文で In March, Paul and Steve had the greatest number of working hours. と流れてきますので、3月の棒が一番高い A と C のどちらかがポールで、どちらかがスティーブになります。次に、第3文の前半部 The person who had the smallest amount of change in working hours between February and March was Nancy より、2月と3月の労働時間の差が最も小さいのがナンシーとわかるので、2つの棒の高さがほぼ同じになっている D が ② のナンシーに決まります。さらに第3文後半 the person who had the greatest amount of change is Steve より、2月と3月の労働時間の差が最も大きいのがスティーブとわかるので、棒の高さの開きが最も大きい C が ④ のスティーブに決まります。上述したように A と C はどちらかがポールで、どちらかがスティーブであることがわかっているので、 C がスティーブということは、 A が ③ のポールに決まります。最後に残った B が ① のリサということになります。この問題はグラフ内の A 、 B 、 C 、 D それぞれの順番だけでなく、2月と3月の差の大きさにも言及されているので、グラフそのものの理解力が必要になります。グラフや表が英文で説明された場合にどのような表現が用いられるのかという点に留意しつつ、何度も音読を重ねて慣れておきましょう。

【語句】　employee 名「従業員」

ここが ポイント　グラフで表示されている情報を言語化してみましょう。

問 2

〔スクリプト〕 There are forty students in my class, twenty boys and twenty girls. All of us participated in a survey about our favorite hobbies. For this survey, we were asked to select one item from four choices: "doing sports," "reading books," "watching movies," and "other." In our class there are few book lovers, unfortunately, but there are many active students: half of the boys selected sports, and so did half of the girls, followed by thirty percent of the students who enjoy watching movies. Just under 20 percent of the students have other hobbies.

〔和訳〕 私のクラスには男子20人，女子20人の計40人の生徒がいる。私たち全員が一番好きな趣味についての調査に参加した。この調査では，「スポーツをする」，「読書をする」，「映画を見る」，「その他」という4つの選択肢から1つの項目を選ぶよう求められた。私たちのクラスには残念ながら読書好きの生徒はほとんどいないが，活動的な生徒は多くて，男子の半分はスポーツを選び，女子の半分もスポーツを選んだ。それに続いて，映画鑑賞を楽しむ生徒が30パーセントいた。その他の趣味を持つ生徒は20パーセントをやや下回った。

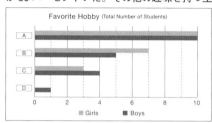

Favorite Hobby (Total Number of Students)

■ Girls ■ Boys

① 読書をする ② 映画を見る ③ スポーツをする ④ その他

〔解説〕 与えられたグラフのタイトルが「一番好きな趣味（生徒の合計人数）」で，グラフの棒はそれぞれ上が「女子」，下が「男子」となっています。選択肢は「読書をする」など「趣味」の種類なので，これが調査された項目のようです。時間的に余裕があれば，グラフ内に数値を書き込んでおくか，数値の確認だけでもしておくとよいでしょう。　A　は女子が10人，男子が10人で，計20人。　B　は女子が7人，男子が5人で，計12人。　C　は女子が3人，男子が4人で，計7人。　D　は女子が0人，男子が1人で，計1人となっています。音声を聞くと，まずこのクラスには男女20人ずつ，計40人の生徒がいることがわかります。第4文で，half of the boys selected sports, and so did half of the girls と聞こえてきます。男子の半分＝10人，女子の半分＝10人なので，　A　が ③ の「スポーツをする」となります。ここでの so did 〜 は直前の〈動詞＋目的語〉の反復を避けた表現で，half of the girls (also) selected sports という意味です。続く followed by thirty percent of the students who enjoy watching movies では，40 人の 30 パーセントは 40 × 0.3 ＝ 12 ですので，合計が 12 人になる B が ② の「映画を見る」に決まります。followed by ～ は「(次に) ～が続く」という意味の重要表現です。最後に，最終文 Just under 20 percent of the students have other hobbies. では，40 人の 20 パーセントは 40×0.2＝8 で 8 人をやや下回っていたのは C の 7 人ですので， C が ④ の「その他」に決まります。そして残りの D が ① の「読書をする」になります。グラフの内容を事前にあるいは音声を聞きながらどれだけ把握できるかがカギになります。そのためにも英語を聞いてすぐにその意味をイメージ化できるように，何度も音読を繰り返して，音声のイメージ化の練習を重ねていきましょう。

語句 participate in ～「～に参加する」，survey 名「調査」，item 名「項目」，so do A「A もそうだ」，followed by ～「(次に) ～が続く」

ここが ポイント 英語を聞いてすぐに音声をイメージに変換できるよう，繰り返し音読しましょう。

問 3

スクリプト Our regular weekday sale will start from next week. Can you help me write on the map when the regular sale will be held? The sale day depends on where the shops are located. Every Monday, the sale is scheduled at the shops in the Blue Wing. Every Wednesday, it will be held in the Yellow and Green wings. The shops in the Red Wing will hold it on Fridays. Remember, although no regular weekday sale is scheduled on the other days, we may have a special discount sale sometimes.

和訳 当モールの平日のレギュラーセールが来週始まります。マップ上にレギュラーセールがいつ行われるか書くのを手伝ってもらえますか。セールの日は，店がどこに位置するかで決まります。毎週月曜日はブルーウイングのお店でセールが予定されています。毎週水曜日はイエローウイングとグリーンウイングで行われる予定です。レッドウイングのお店は金曜日にセールを行う予定です。他の曜日に平日のレギュラーセールは予定されていませんが，時々特別割引セールを行うこともありますので，覚えておいてください。

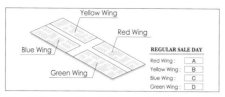

REGULAR SALE DAY

Red Wing :	A
Yellow Wing :	B
Blue Wing :	C
Green Wing :	D

① 月曜日　② 火曜日　③ 水曜日　④ 木曜日

⑤ 金曜日　⑥ 土曜日　⑦ 日曜日

解説 紙面にショッピングモールのマップとレギュラーセール日を記載する欄が載っており，選択肢には曜日が並んでいることから，それぞれのウイングにどの曜日が該当するかを聞き取ればよいことがわかります。聞きながら，図の中に曜日を書き込んでいきましょう。放送文の最初の3文で図の説明と作業に関する説明がなされます。最初に regular weekday sale と言っていますので，weekday「平日」ではない Saturday と Sunday は正解にならないと予想できます。第4文で，Every Monday, the sale is scheduled at the shops in the Blue Wing. と流れるので，ブルーウイングは月曜日とわかり，　C　が ① です。続く第5文で，Every Wednesday, it will be held in the Yellow and Green wings. と聞こえますので，イエローウイングとグリーンウイングが水曜日だとわかります。したがって，　B　と　D　はどちらも ③ です。続く第6文では The shops in the Red Wing will hold it on Fridays. と言っていますので，レッドウイングのセール日が金曜日，　A　が ⑤ となります。

語句 *be* held「(催しなど) が行われる」，depend on ～「～による，～次第だ」

問 4

スクリプト The amount of lost cash turned in to police stations in Tokyo in 2018 increased by 2.4 percent to a record 3.8 billion yen. According to the Lost and Found Center of the Tokyo Metropolitan Police, only about 2.8 billion yen of that amount was returned to the rightful owners. Meanwhile, around 500 million yen of the amount that was not claimed went back to the people who found the money. The same amount was claimed by the government.

和訳 2018年，東京の警察署に届けられた遺失物の現金の総額は 2.4 パーセント増えて，38 億円を記録した。警視庁遺失物センターによると，その金額のうち，正当な権利を有する所有者に戻ったのはわずか 28 億円ほどだった。一方，申し出のなかった遺失物の現金のうち 5 億円ほどは，そのお金を見つけた人のもとに戻った。同額が政府に所有権が移った。

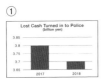 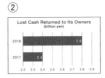 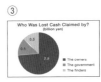

解説 この問題は放送文の内容にふさわしいグラフを選択する問題ですので，グラフの内容をあらかじめ頭に入れておくことが重要になってきます。とはいえ，4つのグラフをすべて細かく見ておくことは難しいので，グラフのタイトルと数値の大きな特徴をつかむことができれば十分でしょう。あとは音声を聞きながら照らし合わせていくようにします。グラフのタイトルは，① 警察署に届けられた遺失物の現金（10億円），② 所有者に戻った遺失物の現金（10億円），③ 遺失物の現金の所有権を誰が持ったか（10億円），④ 届けられた遺失物の現金の最高額（100万円）となっています。このことから，放送文の内容が遺失物の現金とその届け出金額などに関するものであることが予測できます。音声の最初で The amount of lost cash turned in to police stations in Tokyo in 2018 increased by 2.4 percent to a record 3.8 billion yen. と聞こえてきます。ここでは数値のメモをとりましょう。まずは西暦の2018です。音声では two thousand eighteen と言っていますが，2桁ずつで区切って twenty eighteen と言うこともあります。次に 2.4 percent ですが，単位までしっかり聞き取りましょう。これは increased by に続いています。increase by ～ で「～（の差の分だけ）増加した」という意味ですので，何度も読んで数値の増加をイメージ化できるようにしてください。さらに 3.8 billion yen で「38億円」となります。大きい数値は特に聞き取りが難しくなってきます。～ thousand「～千」，～ million「～百万」，～ billion「～十億」，～ trillion「～兆」などは，知識として知っていても，音声で流れてきたものを一瞬のうちに理解するには十分な練習が必要です。この最初の1文において，「2018年」に届けられた遺失物の現金が「2.4パーセント増加」して，「38億円」になった，という点を理解しておきます。これがわかると，① と ④ のグラフは，この時点で消去されます。細かい数値を見なくても，この2つは前年よりも数値が減少しているからです。次に聞こえてきたのは only about 2.8 billion yen of that amount was returned to the rightful owners で，数値は about 2.8 billion yen「およそ28億円」です。28億円が所有者に戻ったと言っています。この時点では ② と ③ は合っています。次に around 500 million yen ... went back to the people who found the money と聞こえ，数値は around 500 million yen「5億円ほど」です。5億円ほどが拾得者のものになったということです。最終文では The same amount was claimed by the government. と言っていて，これは同じ5億円という額が政府

所有になったという意味です。このことから，③の円グラフが正しいグラフということになります。②は，放送文の中に 2017 年に所有者に戻った金額の情報はないため，不適ということになります。ちなみに音声で流れた 500 million yen と③のグラフの数値 0.5 billion yen はどちらも「5 億円」を表しています。

語句　amount 名「金額，量，総額」，turn in 〜 to ...「〜を…に届け出る，提出する」，the Lost and Found Center of the Tokyo Metropolitan Police「警視庁遺失物センター」，rightful 形「正当な権利を持つ」，meanwhile 副「一方」，claim 動「〜の権利［所有権］を主張する」

ここが ポイント　数値に関する英語は，音声と実際の数字をすぐに一致させることができるようになるまで，何度も練習しましょう。特に，大きな数字は位取りに要注意。試しに，次の数字を英語で読んで（または書いて）みてください。

① 300,000
② 3,700,000
③ 120,000,000
④ 3,102,472,146
⑤ 1,823,102,000,000

【正解】
① three hundred thousand
② three million seven hundred thousand または three point seven million
③ one hundred twenty million
④ three billion one hundred two million four hundred seventy-two thousand one hundred forty-six
⑤ one trillion eight hundred twenty-three billion one hundred two million

複数の説明

1 正解	問1	③	問2	④			
	問3	A	④	B	①	C ③	D ②

問4	Principle One	①	Principle Two	④
	Principle Three	②	Principle Four	③

問1

スクリプト

1. If you like romances, you should see *Unknown Instinct*. I saw many good reviews and comments about this movie on a website. There are many theaters showing this movie, including the movie complex in the shopping mall in our city, so it's easy to access.

2. I love *Aqua Report*! I wonder why not so many people give this wonderful movie high ratings. I've seen a lot of action movies, but this is one of my favorites, though some people may think it's a rather confusing story. I've already seen it three times at the cinema near my house.

3. *Violent Break* is a wonderful action movie. If you don't mind seeing some violent scenes, I recommend this movie. The quality of the acting is why it has very good ticket sales. Luckily, the small theater in our town is showing it now. You shouldn't miss it.

4. You'll enjoy *Space Battle Warriors*. I laughed a lot, sweated a lot, and cried a lot. It just started showing one week ago but already has received high ratings. If you like action movies, you should see it on the big screen at the movie theater. Unfortunately, you need to go to the neighboring city to see it.

和訳

1. あなたがロマンスを好むなら『アンノウン・インスティンクト』を見るべきです。ウェブサイトでこの映画についての多くの好意的なレビューとコメントを見ました。この映画を上映している映画館はたくさんあって，それには私たちの市内のショッピングモールにある複合型映画館も含まれているので，行きやすいですよ。

2. 私は『アクア・レポート』が大好きです！　なぜこのすばらしい映画に高評価をつける人がそれほど多くないのか疑問です。私は多くのアクション映画を見てきましたが，これはお気に入りの1つです。もっともかなり複雑なストーリーだと思う人もいるかもしれませんが。私は自宅近くの映画館でもう3回見ました。

3. 『バイオレント・ブレイク』はすばらしいアクション映画です。いくらかの暴力シーンを見るのを気にしないのであれば，私はこの映画をおすすめします。演技の質の高さが好調なチケットの売れ行きの理由です。幸運にも，現在私たちの町の小さな映画館でも上映中です。見逃さないほうがいいですよ。

4. 『スペース・バトル・ウォリアーズ』は楽しめますよ。私は大いに笑い，すごくドキドキし，本当に泣きました。1週間前に上映が始まったばかりですが，すでに高い評価を得ています。もしアクション映画が好きなら，映画館の大スクリーンで見るべきです。でも残念ながら，この映画を見るには隣の市へ行く必要があります。

① 『アンノウン・インスティンクト』　　② 『アクア・レポート』
③ 『バイオレント・ブレイク』　　④ 『スペース・バトル・ウォリアーズ』

解説 必要な条件の適否を表の形で整理すると次のようになります。

条　件 作品名	アクション映画	評価の高さ	上映館
① 『アンノウン・インスティンクト』	×	○	○
② 『アクア・レポート』	○	×	○
③ 『バイオレント・ブレイク』	○	○	○
④ 『スペース・バトル・ウォリアーズ』	○	○	×

3つの条件をすべて満たすのは『バイオレント・ブレイク』のみですので，正解は ③ です。第3文 it has very good ticket sales は「チケットの売り上げがとてもよい」で，映画の人気・評価の高さを表しています。① は，第1文で If you like romances, you should see *Unknown Instinct*. と言っていて，アクション映画でなくロマンス映画なので，不適です。② は，第2文で I wonder why not so many people give this wonderful movie high ratings. と言っているので，評価が高くないことがわかります。④ は，最終文 Unfortunately, you need to go to the neighboring city to see it. より，自分の住む町では上映されていないことがわかるので，不適です。

語句 romance 名「ロマンス，恋物語」，movie complex「複合型映画館」，rating 名「評価」，confusing 形「複雑な，ややこしい」，violent 形「暴力的な」

問2

スクリプト 1. Hi, my name is Yosuke. I work for a bank. I'm very busy. I go to work early in the morning and usually get home late at night, so I can't have any pets. What relaxes me the most is playing light music on the guitar on weekends.

2. Hi. My name is Lisa. My hobbies are reading novels and watching movies. I don't have any pets, but a friend of mine wants to give me a kitty. I am wondering if I should receive it. I'm a sophomore at university, so I want to live near my campus.

3. Hello, I'm John. I'm a college student, and I work at a bakery shop twice a week. I have no hobbies, but I love to be with my dog. I walk him every morning before I go to class. When I have no work, I want to come home as early as possible for him.

4. Hello, my name is Cathy. Last year, I graduated from university and began working for a trading company. I am trying to get used to commuting every day, and I'm looking for an apartment near the station. I don't have any pets or hobbies. I loved to play the piano, but I was too busy to find time, so I sold mine.

和訳 1. どうも，私の名前はヨウスケです。銀行で働いています。とても忙しいです。朝早くに仕事に出かけ，たいてい夜遅くに帰ってくるので，ペットは飼えません。最も落ち着くのは，週末，ギターで静かな音楽を奏でることです。

2. こんにちは。私の名前はリサです。私の趣味は小説を読むことと，映画を見ることです。ペットは飼っていませんが，友人が私に子猫を譲りたがっています。それをもらうべきかどうか考えているところです。私は大学の 2 年生なので，キャンパスの近くに住みたいです。

3. こんにちは，僕はジョンです。大学生で，週 2 回ベーカリーでアルバイトをしています。趣味はありませんが，犬と一緒にいるのが大好きです。毎朝授業に行く前に散歩に連れて行きます。アルバイトがないときは愛犬のためにできるだけ早く帰宅したいです。

4. こんにちは，私の名前はキャシーです。昨年，大学を卒業し，貿易会社で働き始めました。毎朝通勤することに慣れようと頑張っていて，駅の近くのアパートを探しています。ペットもいませんし，趣味もありません。ピアノを弾くのが大好きでしたが，忙しくて時間がなかったので，ピアノは売ってしまいました。

① ヨウスケ　② リサ　③ ジョン　④ キャシー

解説 必要な条件の適否を表の形で整理すると次のようになります。

名前＼条件	社会人である	楽器を演奏しない	ペットを飼わない
① ヨウスケ	○	×	○
② リサ	×	○	△
③ ジョン	×	○	×
④ キャシー	○	○	○

3つの条件をすべて満たすのはキャシーだけですので，正解は ④ です。最終文で I loved to play the piano と言っていますが，現在はピアノを持っていないので，「楽器」の条件を満たしていることになります。① のヨウスケは，最終文で What relaxes me the most is playing light music on the guitar on weekends. と言っているので，「楽器」の条件を満たしていません。② のリサは，最終文で I'm a sophomore at university と言っているので，「社会人」の条件を満たしていません。sophomore とは「（4年制の大学の）2年生」を意味します。③ のジョンは，最初に I'm a college student と言っているため，「社会人」の条件を満たしていないことがわかります。また第3文で I have no hobbies, but I love to be with my dog. とも言っているので，「ペット」の条件も満たしていません。

語句　kitty 名「子猫」，I am wondering if *SV*「…かどうか考えている」，sophomore 名「(4年制の大学の) 2年生」，commute 動「通勤する」

問3

スクリプト

1. Hi, I'm Ken. According to our teacher, students who are good at math are also good at English and physics. However, I seem to be an exception. I can calculate quickly and correctly, but it's hard for me to understand the idea of physics and I'm average at languages.

2. Hello, I'm Michiko. My teacher kindly said I was excellent in math and physics as well as English in the final exams and that I will surely become successful at science internationally. I'm very happy to hear that.

3. Hi, my name is Kazuki. I love to read and write but hate numbers. Although I am good at remembering important years in history, I am very bad at physics. Honestly, I hate exams.

4. Hello, my name is Yoshiko. I am very good at English, but not so good

at other subjects. My teacher always encourages me to go to America to study English. Now I'm thinking of applying for the exchange program.

和訳

1. やあ，僕はケンです。先生によれば，数学の得意な生徒は英語と物理も得意だそうです。けれども僕は例外のようです。計算は速く正確にできますが，物理の概念を理解するのは僕には難しく，言語に関しては平均レベルです。

2. こんにちは，私はミチコです。先生はありがたいことに，私の期末テストについて，英語だけでなく，数学と物理もすばらしい出来で，間違いなく科学の分野で国際的に成功できるだろうと言ってくださいました。それを聞いてとてもうれしいです。

3. やあ，僕の名前はカズキといいます。僕は，読み書きはとても好きなんですが，数字が嫌いです。歴史の重要年号を覚えるのは得意ですが，物理はとても苦手ですね。正直言って，テストは嫌いです。

4. こんにちは，私の名前はヨシコです。私は英語がとても得意ですが，他の教科はあまり得意ではないです。先生はいつも私に，英語を勉強するためにアメリカに行くようにと励ましてくれます。今，交換留学プログラムに申し込もうかと考えているところです。

A 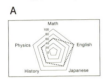 B  C 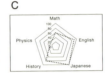 D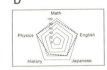

① ケン ② ミチコ ③ カズキ ④ ヨシコ

解説

1. ケンは最終文で I can calculate quickly and correctly, but it's hard for me to understand the idea of physics と言っているので，数学の点が高く，物理の点が低い B が ① に決まります。

2. ミチコは第2文で My teacher kindly said I was excellent in math and physics as well as English in the final exams と言っているので，数学，物理，英語が高得点の D が ② に決まります。

3. カズキは第3文で Although I am good at remembering important years in history, I am very bad at physics. と言っており，歴史の得点が高く，物理の得点が低いとわかるので，C が ③ に決まります。

4. ヨシコは残った A になるはずですが，音声を聞いて確かめてみると，第2文で I am very good at English, but not so good at other subjects. と言っているので，英語だけが満点である A が，やはり ④ になるとわかります。

以上，4人の発言を表に整理すると次のようになります。得意＝○，平均＝△，苦手＝×とします。

名前＼科目	M（数学）	E（英語）	J（国語）	H（歴史）	P（物理）
① ケン	○	△	△		×
② ミチコ	○	○			○
③ カズキ				○	×
④ ヨシコ	△	○	△	△	△

音声を聞きながら合致するグラフを探すというのが，解答時間の節約には望ましいですが，適切なグラフが見つからずあわててしまうこともあるかもしれませんので，このように表にまとめながら聞くというのも１つのやり方です。

語句 physics 名「物理」，exception 名「例外」，calculate 動「計算する」，average 形「平均の」，excellent 形「非常に優れている」，encourage ～ to *do*「～に…するよう励ます，促す」，apply for ～「～に応募する」

問 4

スクリプト **Principle One:** Lucky people are skilled at creating, noticing and acting upon any opportunities. They do this in various ways, including networking, adopting a relaxed attitude to life and by embracing any new experiences.

Principle Two: Lucky people make effective decisions by listening to their instincts and gut feelings. In addition, they take steps to actively boost their intuitive abilities by, for example, meditating and clearing their mind of unnecessary thoughts.

Principle Three: Lucky people are certain that life is going to be full of good fortune. These expectations become self-fulfilling prophecies by helping lucky people persist in the face of failure, and shape their interactions with others in a positive way.

Principle Four: Lucky people employ various psychological techniques to cope with, and often even prosper from the ill fortune that comes their way. For example, they consider how things were not really as bad as they seemed, do not focus on the ill fortune, and take control of the situation.

和訳 原則１：幸運な人々は，何であれ機会を作り出し，機会に気づき，機会に乗じて行動を起こ

す能力に秀でている。彼らは，さまざまな方法を使ってこれを行う。例えば情報交換をしたり，人生に肩ひじ張らない態度をとったり，また，新しい経験はどんなことでも受け入れたりする。

原則2：幸運な人々は，直感や勘に耳を傾けて効果的な決断を下す。加えて，彼らは直感力を積極的に高めるために対策を講ずる。例えば，瞑想をして，頭の中から不要な考えを一掃する。

原則3：幸運な人々は，人生はこの先幸運で満たされると確信している。この期待感は，幸運な人々が失敗しても信念を貫く手助けをすることによって自己実現的予言となり，他人との前向きな交流を作り出す。

原則4：幸運な人々は，迫りくる不幸に対処するために，またしばしばそれを成功にさえ転じさせるために，さまざまな心理的技術を用いている。例えば彼らは，事態は思われたほど実際にはひどいものではなかったと考え，不幸に焦点を合わせず，状況を支配するのだ。

① 好機到来の道を開け　② 未来に対して前向きであれ
③ 不運を幸運に転ぜよ　④ 真に重要なことは何かよく考えよ

幸運な人々がとる行動についての説明文です。それぞれの原則は，第1文で要点が述べられ，第2文でその具体的説明がなされるという流れになっています。これは説明文でよく見られる形です。第1文で全体像を頭に入れ，第2文以降で，細部を補完するイメージを持って聞き取るとよいでしょう。また，本問は話題が抽象的で語彙の難易度も高いといえます。難しい語の意味にとらわれて，それぞれの原則の全体像がつかめなくなるということがないようにしたいものです。難しい語の意味は推測するにとどめて，選択肢と原則を合致させることに集中しましょう。

原則1：第1文 Lucky people are skilled at creating, noticing and acting upon any opportunities. にあるとおり，この原則では，「機会を作り出し，それを逃さず行動に移す」ということを言っています。opportunity = chance という図式をとらえることで，① が正解であることがわかります。

原則2：第1文 Lucky people make effective decisions by listening to their instincts and gut feelings. より，原則2は，「自分の直感を頼りに効果的な決断を下す」ということであり，さらに第2文で，直感を高める方法として，meditating and clearing their mind of unnecessary thoughts を挙げています。「瞑想をして，不要な考えを一掃する」ということは，本当に重要なことに思いをめぐらせることだと判断できますので，正解は ④ になります。

原則3：第1文 Lucky people are certain that life is going to be full of good fortune. にあるとおり，原則3は，「これから先の人生が幸運で満たされることを確信している」ということです。is going to とあるので，未来のことに対する態度であるとわかります。したがって，正解は ② です。

原則4：第1文 Lucky people employ various psychological techniques to cope with, and often even prosper from the ill fortune that comes their way. より，原則4は「不幸に対処し，不幸を成功へと転じさせる術を持っている」ということです。prosper from the ill fortune「不幸から成功を導く」を確実に聞き取り，理解しましょう。prosper は「成功する，繁栄する」という意味です。正解は ③ になります。

語句 principle 名「原則」，*be* skilled at *doing*「…する高い技能がある」，act upon ～「～に基づいて行動する」，network 動「情報交換する」，adopt 動「～を取り入れる」，attitude 名「態度」，embrace 動「～を受け入れる」，effective 形「効果的な」，instinct 名「直感，本能」，gut feeling「勘」，boost 動「～を高める」，intuitive 形「直感の」，meditate 動「瞑想する」，clear ～ of ...「～から…を取り除く」，*be* certain that *SV*「…と確信している」，good fortune「幸運」，expectation 名「期待」，self-fulfilling 形「自己実現的な」，prophecy 名「予言」，persist 動「やり通す」，in the face of ～「～に直面して」，interaction 名「交流，やり取り」，employ 動「～を用いる」，psychological 形「心理的な」，cope with ～「～にうまく対処する」，prosper 動「成功する，繁栄する」，ill fortune「不運，不幸」，come *one's* way「～のほうに来る［行く］」，take control of ～「～を支配する」

ここが ポイント 説明文では，最初に「結論的意見」や「全体のまとめ」，2文目以降に「細部の説明」や「具体例」が来ることが多いです。

2 **正解** 問1 ②，④ 問2 ②

問1

スクリプト Student 1: It cuts down on time and effort to get information, and enables us to connect with others easily. I have just sent a homework assignment to my literature professor. I truly believe that it has made the world smaller and more accessible.

Student 2: It has undoubtedly had negative effects on people's lives.

People, especially young people, spend too much time online, playing games, chatting with friends, or looking at SNS. I think this is a kind of addiction. Some people might not be able to stop using it even if they want to spend more time for other activities.

Student 3: I can't imagine life without it. I rely on it for everything from online shopping to streaming my favorite shows. I doubt I could go a day without it. In fact, just this morning I've already used it to check the weather forecast, chat with a friend, write a few e-mails, and book a pair of tickets to the movies tonight. What would I do without it?

Student 4: Communicating on the Internet is not as important as real face-to-face interaction with other people. If young people do so regularly, they can develop interpersonal communication skills. They should have and extend real relationships with their friends instead of developing online relationships.

和訳 学生1：インターネットは情報を得る時間と労力を短縮してくれます。また他者とつながることも容易にできます。私はたった今文学の教授に課題を送信したところです。インターネットのおかげで，世界は小さくなり，世界とつながりやすくなったと本当に思います。

学生2：インターネットは間違いなく人々の生活に好ましくない影響を与えています。人々，特に若い人々は，ゲームをしたり，友だちとチャットをしたり，SNS を見たりして，ネットで過ごす時間があまりに多すぎます。これは一種の中毒だと思います。たとえ他の活動にもっと多くの時間を使いたいと思っても，インターネットを使うのをやめることができない人もいるかもしれません。

学生3：インターネットがない生活など考えられません。私はオンラインショッピングから大好きな番組のストリーミング配信に至るまであらゆることをそれに頼っています。それなしで1日を過ごすことはできないと思います。事実，今朝だけで，天気予報を確認し，友人とチャットし，メールを何通か書き，今夜の映画のチケットを2枚予約するのにインターネットを使いました。インターネットがなかったら私はどうすればいいのでしょう。

学生4：インターネット上で他者とコミュニケーションを取ることは，現実の，面と向かった交流ほど大切ではありません。若い人は定期的に他者と直接会うことで，対人関係上のコミュニケーションスキルを身につけることができるのです。彼らはネット上の関係を築くよりも，友人とリアルな関係を結び，それを広げていくべきです。

① 学生1　② 学生2　③ 学生3　④ 学生4

解説　それぞれの意見がインターネットに肯定的か，否定的かという点で整理すると，次のようになります。

	インターネットに 肯定的（○）・否定的（×）	根　拠
学生1	○	情報源。意思疎通が容易。
学生2	×	ネットに時間を使いすぎる。一種の中毒。
学生3	○	生活に必要不可欠。
学生4	×	現実の交流を優先すべき。

学生1は，第1文 It cuts down on time and effort to get information, and enables us to connect with others easily. からわかるとおり，インターネットが情報の取得と他者との交流を容易にしたと言っていますので，インターネットを肯定しています。

学生2は，第1文で It has undoubtedly had negative effects on people's lives. と言っていますので，インターネットに対して否定的な意見の持ち主です。したがって，② は正解の1つです。

学生3は，やはり第1文で I can't imagine life without it. と言い，そのあとの具体例からもわかるとおり，生活にインターネットが欠かせないと考えていますので，肯定的な立場に立っているといえます。

学生4は，インターネット上ではなく対面でのコミュニケーションの利点を述べ，最後に They should have and extend real relationships with their friends instead of developing online relationships. と言って，リアルな関係を推奨しているので，インターネットに対しては否定的な意見を持っているといえます。したがって ④ は正解の1つとなります。

語句　cut down on ～「～を削減する」，assignment 名「課題，宿題」，literature 名「文学」，professor 名「教授」，accessible 形「つながりやすい」，undoubtedly 副「疑いなく」，addiction 名「中毒」，rely on ～ for ...「…を～に頼る」，stream 動「～をストリーミング配信で視聴する」，book 動「～を予約する」，interpersonal 形「個人間の」，extend 動「～を広げる」

問2

スクリプト　If people spend most of their leisure time online and not mixing with others in their neighborhoods, this will not only have negative effects on their local communities, but also would lead to a feeling of isolation for them because they wouldn't have a real person to turn to in times of need.

和訳 人々が余暇の時間のほとんどをオンラインで過ごし，地元の人々と交流しなくなれば，地域社会に好ましくない影響があるばかりでなく，彼らにとっては必要なときに頼ることのできる現実の人が持てず，孤独感につながるでしょう。

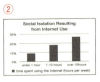

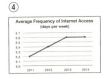

解説 この意見では，オンラインで過ごし，地元の人と交流しない人はa feeling of isolation「孤独感」を持つようになるとのことなので，これに関連するグラフは，「インターネット利用時間が長いほど社会的孤立が高まる」というデータを示している ② のグラフとなります。① は「インターネット上で子供を守る主な方法」，③ は「オンライン学習を選択する理由」，④ は「インターネットアクセスの１週間当たりの平均日数」をそれぞれ示したグラフです。

語句 leisure 名「(形容詞的に) 暇な，余暇のための」，isolation 名「孤独」，turn to 〜「〜に頼る」

3 正解 問1 ③ 問2 ②

問1

スクリプト Student 1: Limitless air travel inside Japan is a luxury that we can no longer afford. The main reason is that it is extremely damaging to the environment. The carbon gases produced by aircraft are in very large amounts and are a proven cause of global warming. Therefore, we should try and reduce air travel as much as possible to protect the environment, not only for Japan but also for the whole world.

Student 2: Air travel is actually unnecessary within the four islands of Japan. Now, while I appreciate that travel to Okinawa is a different case, there are efficient train services throughout Japan that are fast and environmentally friendly. These make an excellent alternative to air flights, so there is really no need to use airplanes in most cases.

Student 3: The most important reason why we should not limit air travel is the issue of freedom. People in a democracy expect the right to travel as they wish. Planes have made our lives more convenient and created more opportunities for everyone. We should not reduce our quality of life.

Student 4: I think there is a strong economic case to support flying. Many jobs depend on air travel, not just the pilots and cabin staff, but also people who work in airports or for airlines, or have jobs that rely on fast transport. They should not have to lose their livelihoods.

Student 5: Air travel is expensive for passengers because the price of fuel keeps increasing, and airline companies are struggling to make profits. Moreover, regional airports often cannot attract enough customers, and, overall, the industry is not cost-effective. It's time to admit that air travel is too damaging and expensive to be sustainable.

和 訳

学生1：日本国内において無制限に航空機で移動するのは，もはや続けることのできない贅沢です。その主な理由は，環境に対して非常に害があるという点です。航空機によって生み出される炭素ガスはかなり多量で，地球温暖化を引き起こす立証済みの原因なのです。ですから，環境を守るためには，国内だけでなく，世界全体のためにも，できる限り航空機での移動を減らすようにすべきです。

学生2：航空機での移動は実際，日本の4つの島を行き来するには不要です。今のところ沖縄への移動は別だと認めますが，効率的な鉄道路線が日本中に走っていますし，それは速くて環境に優しいのです。これらが航空便に対するすばらしい代替手段となりますので，ほとんどの場合，本当に航空機を使う必要はないのです。

学生3：私たちが航空機での移動を制限すべきでない最も重要な理由は，自由という問題です。民主社会にいる人々は，望むとおりに移動する権利を求めます。飛行機は私たちの生活をより便利にし，すべての人により多くの機会を提供してきました。生活の質を下げるべきではありません。

学生4：私は，空の旅を守るべき強力な経済的事情があると思います。多くの仕事は航空機の移動に依存しています。それは単にパイロットや搭乗員だけでなく，空港や航空会社で働く人々や，素早い輸送に頼った仕事をしている人々にとってもそうです。彼らが生活の糧を失わなければならないようなことはあってはなりません。

学生5：航空機での移動は，燃料費が上がり続けているために乗客にとってはお金がかかり，また航空会社は利益を上げるのに苦労しています。しかも，地方の空港は十分な客を引きつけることができない場合が多く，総じてこの業界は費用対効果がよくあり

ません。航空機での移動は害も大きく，費用もかかりすぎるので，維持できないと
いうことを認めるべきときが来たのです。

① 1人　　② 2人　　③ 3人　　④ 4人　　⑤ 5人

解説　　それぞれの意見が国内の航空便の制限に賛成しているか，反対しているかと
いう点で整理すると，次のようになります。この結果，国内の航空便を制限す
べきだと考えている人は 3 人ということになるので，正解は ③ です。

	航空便の制限に賛成（○）・反対（×）	理　由
学生 1	○	環境に害がある。
学生 2	○	主要 4 島なら鉄道で十分。
学生 3	×	自由に移動する権利がある。
学生 4	×	関連業界の雇用を守るべき。
学生 5	○	お金がかかりすぎる。

　学生 1 は，第 1 文の Limitless air travel inside Japan is a luxury that we
can no longer afford. という発言より，航空機での移動を制限すべきだと考え
ていることがわかります。その理由は，第 2 文以降で，環境に害があるからだ
と説明しています。最後の we should try and reduce air travel が決め手にな
ります。

　学生 2 は，第 1 文の Air travel is actually unnecessary within the four
islands of Japan. という発言より，国内主要 4 島では航空便を制限すべきだと
いう意見であることがわかります。その理由は，第 2 文以降で，鉄道網が発達
しているからだと説明しています。

　学生 3 は，第 1 文で The most important reason why we should not limit air
travel is the issue of freedom. と言って，自由を侵害するおそれがあるという
理由から，航空便の制限には反対であると述べています。また，航空便の制限
は生活の質を下げることにつながるとも言っています。

　学生 4 は，第 1 文で I think there is a strong economic case to support flying.
と経済的な観点から航空便を維持すべきだと言い，第 2 文以降で，航空機に関
連する業界で働いている人の雇用を守るべきだとの主張が聞き取れるので，航
空便の制限には反対の立場だとわかります。

　学生 5 は，第 1 文の前半で利用客が被る費用面の問題，後半で航空会社の増
益が難しい点，第 2 文以降も収益面の問題点を指摘しています。そして最終文
で It's time to admit that air travel is too damaging and expensive to be
sustainable. と言って，航空便はもう維持できないことを認めようと主張して

います。このことから学生5は，ビジネスとして成り立たないという理由で，航空便を制限するべきだと考えていることがわかります。

【語句】 limitless 形「無制限の」，afford 動「〜をする（時間的・経済的）余裕がある」，carbon gas「炭素ガス」，proven 形「立証された」，appreciate that *SV*「…ということを正しく認識する」，efficient 形「効率的な」，alternative 名「代替手段」，democracy 名「民主社会」，as *S* wish「S が望むとおりに，自由に」，opportunity 名「機会」，cabin staff「（航空機の）乗務員」，transport 名「輸送」，livelihood 名「生計」，struggle to *do*「…するのに苦労する」，profit 名「収益」，regional 形「地方の」，cost-effective 形「費用対効果がよい」，admit that *SV*「…ということを認める」，sustainable 形「維持可能な」

複数の説明　解答・解説

問 2

【スクリプト】 Instead of driving, taking the train, or sailing at a slow pace, people could get to their destinations much quicker, and visit places they only dreamed about. Thanks to airplanes, I'm sure tourism has boomed, creating new businesses all over the world. And besides helping tourism, I'm sure airplanes are helping the economy in countless ways. Planes have made products and services immediately available.

【和訳】 人々は車や列車や船で時間をかけて移動する代わりに，目的地にずっと速く到着し，夢にしか見ることのできなかった場所を訪れることができるようになりました。飛行機のおかげで，観光産業が盛んになり，世界中に新たなビジネスを生み出したことは間違いないと思います。また飛行機は観光産業を押し上げたことに加え，数えきれないほどの方法で，経済を押し上げていると思います。飛行機によって，製品やサービスを即座に利用することができるようになりました。

①  ② 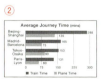 ③ 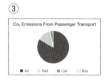 ④

【解説】 この意見では，航空機は他の輸送手段に比べて目的地に速く着けると述べられていますので，列車と航空機の移動時間を比較した ② のグラフが，関連するグラフになります。① は航空機の燃料消費量，③ は旅客輸送の二酸化炭素排出量，④ は航空関係業種の所得金額をそれぞれ表したグラフです。

【語句】 destination 名「目的地」，boom 動「景気づく」，countless 形「数えきれないほどの」

105

スクリプト Selena(1): Hi, Demi. You look worried. What's wrong?

Demi(1): Hi, Selena. Yeah, I'm trying to stop my grandpa from driving, but he wouldn't listen to me.

Ryota(1): Why? Don't you think your grandpa can drive safely anymore?

Demi(2): No, Ryota. He's already 83.

Kevin(1): However, he seems really healthy.

Demi(3): I know, Kevin, but elderly people's physical and mental abilities decline every day. Though they can drive safely now, they might cause car accidents next month.

Ryota(2): I don't necessarily think that's true. In Japan, more young people cause accidents than elderly people do.

Demi(4): Really? I don't believe that, Ryota. I think people over a certain age must be prohibited from driving.

Ryota(3): What do you think, Selena?

Selena(2): I agree with Demi. It's dangerous for elderly people to drive. Their eyes are also getting weaker.

Kevin(2): But some elderly people have problems if they can't drive.

Ryota(4): There're alternatives like taxis, buses and subways, Kevin.

Kevin(3): You are a city boy, Ryota. Not all the people in the countryside have access to those things.

Selena(3): That's a big problem, for sure. Good point.

Kevin(4): Yes, Selena. And, don't you think elderly people can continue to drive safely if they have to take driving tests regularly?

Selena(4): Exactly, Kevin.

Ryota(5): I think both Demi and Kevin made good points. By the way, you wouldn't have to worry about that if self-driving systems come into practical use in the near future.

和訳 セリーナ(1): あら, デミ。心配そうな顔つきね。何かあった？

デミ(1): ああ, セリーナ。そうなの, おじいちゃんに運転をやめさせようとしているんだけど, 聞く耳を持たなくて。

リョウタ(1): どうして？ 君のおじいさんはもう安全運転ができないと君は思っているの？

デミ(2)：できないわよ，リョウタ。もう83歳よ。

ケビン(1)：でも，君のおじいさんはすごく健康そうだよ。

デミ(3)：そうね，ケビン，でも高齢者の身体と精神の能力は日々衰えているのよ。今は安全に運転できても来月には事故を起こすかもしれないわ。

リョウタ(2)：必ずしもそれが正しいとは思わないな。日本では高齢者より若者のほうが事故を起こしてるよ。

デミ(4)：本当？　リョウタ，私はそうは思わない。ある年齢を超えたら人は運転することを禁じなければならないと思うの。

リョウタ(3)：セリーナはどう思う？

セリーナ(2)：デミと同じ意見だわ。高齢者が運転するのは危険よ。目も衰えているし。

ケビン(2)：でも高齢者の中には運転できないと困ってしまう人もいるよ。

リョウタ(4)：タクシーやバスや地下鉄などの代替手段もあるよ，ケビン。

ケビン(3)：リョウタ，君は都会人だからね。田舎に住む人全員が，そうしたものを利用できるわけではないよ。

セリーナ(3)：それは間違いなく大きな問題ね。そのとおりだわ。

ケビン(4)：そうだよ，セリーナ。それに，高齢者が定期的に自動車運転試験を受けなければならないとしたら，安全運転を続けることができると思わないかい？

セリーナ(4)：確かにそうね，ケビン。

リョウタ(5)：デミもケビンも的を射ていると思う。ところで，近い将来自動運転が実用化されたら，そういうことを心配する必要はなくなるだろうね。

問1　① 1人　② 2人　③ 3人　④ 4人

問2

①

②
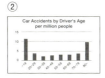

③
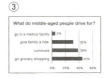

④
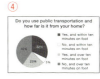

　問1　それぞれが高齢者の運転に賛成しているか，反対しているかという点で整理すると，次のようになります。

	高齢者の運転に 賛成（○）・反対（×）・ どちらとも言えない（△）	理　由
セリーナ	○	危険という理由で最初はデミに賛成するが，会話の後半で，運転の試験を継続的に受ければよいという意見のケビンを支持。
デミ	×	心身の能力が日々衰える。
リョウタ	△	事故が多いのは高齢者より若者のほうだが，車に代わる交通手段はある。デミもケビンも的を射ている。
ケビン	○	運転できないと生活に困る。運転の試験を継続的に受ければよい。

　セリーナは，第2発話で，危険であるという理由で，高齢者の運転に反対するデミと同意見であることを表明しますが，第3発話でケビンの「公共交通機関を利用できない人もいる」という指摘に納得して Good point. と返し，さらに don't you think elderly people can continue to drive safely if they have to take driving tests regularly? に対して，Exactly, Kevin. と言って，ケビンの意見を支持していることがわかります。したがって，セリーナは最終的に高齢者の運転に賛成の立場に立っています。

　デミは，第1発話で I'm trying to stop my grandpa from driving, but he wouldn't listen to me「おじいちゃんに運転をやめさせようとしているんだけど，聞く耳を持たなくて」と言ったあと，一貫して高齢者の運転に反対の立場をとっています。その理由は第3発話 elderly people's physical and mental abilities decline every day にあるとおり，心身の衰えを心配しているからです。

　リョウタは，第2発話で I don't necessarily think that's true. と言って，デミの意見を否定しています。その根拠は続く文にあるとおり，高齢者よりも若者のほうが事故を起こしているからということです。しかしそのあとの第4発話では，ケビンの「高齢者の中には運転できないと困る人もいる」という意見に対して There're alternatives like taxis, buses and subways「タクシーやバスや地下鉄などの代替手段もある」と反論しています。最後の発話では both Demi and Kevin made good points「デミもケビンも的を射ている」と言い，結局リョウタは自分の立場を表明しないまま会話が終了しています。したがって，高齢者の運転に賛成しているとはいえません。

ケビンは，第2発話で some elderly people have problems if they can't drive「高齢者の中には運転できないと困ってしまう人もいる」と言って，高齢者の運転に賛成しています。自家用車以外の交通手段もあると言うリョウタには「全員がそういう交通手段を利用できるわけではない」と反論し，デミに賛成していたセリーナには，「高齢者が定期的に試験を受ければ運転を続けてもいいのではないか」と言って説得しています。したがって，ケビンは一貫して，高齢者の運転に賛成の立場をとっているといえます。よって，高齢者の運転に賛成している人は2人ということになるので，正解は ② です。

問2　ケビンは，運転できないと困る人がいるという理由で，高齢者の運転に賛成しています。これに対してリョウタが「他の交通手段がある」と反論した際に，ケビンは第3発話で Not all the people in the countryside have access to those things.「田舎に住む人全員が，そうしたものを利用できるわけではない」と再反論しています。この意見を反映しているのが ④ の「あなたは公共交通機関を使いますか。そしてそれはあなたの家からどのくらいの距離にありますか」という質問の回答を集計したグラフです。このグラフでは，「近くに利用できるものがないため公共交通機関を使わない」人が，全体の中で最も多い結果になっており，ケビンの意見の根拠を表しているといえます。① は「年齢別運転免許取得者数」のグラフ，② は「100万人当たりの運転者年齢別自動車事故件数」のグラフ，③ は「中年期の人々はどのような目的で車を運転するか」の質問の回答が集計されたグラフです。

語句　stop ～ from *doing*「～が…するのをやめさせる」，decline 動「衰える」，prohibit ～ from *doing*「～が…するのを禁止する」，alternative 名「代替手段」，have access to ～「～を利用できる」，for sure「確かに」，regularly 副「定期的に」，make a point「意見を述べる」，come into practical use「実用化される」

ここがポイント　音声を聞く前に会話の状況やトピックを把握し，一人一人がとる「賛成・反対」の立場と，その根拠をメモしながら聞き取るようにしましょう。

5 長いダイアローグ

1 **正解** 問1 ② 問2 ① 問3 ④

〰〰

スクリプト ※下線部は解答の根拠に当たる箇所です。

M(1): Did you have school uniforms in your high school, Diane?

W(1): No way! I would hate that!

M(2): Really? My school had uniforms, and I liked having them.

W(2): You did? 問1<u>Don't you think they take away your freedom? I like to be able to wear whatever I want.</u>

M(3): I thought so at first too, but after a while I got used to wearing a uniform. 問2<u>It also made my life easier because I didn't have to choose which clothes to wear in the morning.</u>

W(3): I don't mind taking time to choose my clothes in the morning. 問1<u>The freedom to wear what I want is much more important to me. Changing my looks is the best way for me to express myself.</u>

M(4): I never thought about clothes as being a way to express myself. 問2<u>I don't really care about fashion, so having uniforms made life easier for me.</u> What do you mean by changing your looks though? What else could you change every day at your school other than your clothes?

W(4): Well, for example, in my school you could wear whatever clothes you wanted, but 問3<u>you could also wear different accessories.</u> Girls could wear make-up and everyone could wear jewelry like earrings, bracelets and necklaces.

M(5): Maybe that's important for girls, but I don't think boys care about those things so much.

W(5): That's not necessarily true. It was mostly girls that wore make-up in my school, but some boys also wore jewelry.

M(6): Your school is so liberal!

和訳 男性(1)：ダイアン，高校のとき制服はあった？

女性(1)：まさか！ 制服なんて勘弁してほしいわ！

男性(2)：本当？　僕の学校には制服があったし，それがよかったけどな。

女性(2)：よかった？　_{問1}制服は自由を奪うと思わない？　私は着たいものは何だって着ら<u></u>れたほうがいいわ。

男性(3)：僕も最初はそう思ったけど，しばらくしたら制服を着ることに慣れてしまったよ。_{問2}朝，どの服を着ればいいか選ばなくていいんだから，生活がより楽にもなったしね。

女性(3)：朝，服を選ぶのに時間を使うなんて気にしない。_{問1}着たいものを着る自由のほうが私にはずっと重要なの。外見を変えることが私にとって自己表現の最高の手段なのよ。

男性(4)：服を自己表現の手段だなんて考えたことはなかったな。_{問2}僕はあまり服装に気を使わないから，制服があることで自分にとって生活はより楽になったよ。ところで，外見を変えるというのはどういう意味なの？　服以外で，毎日学校で他に何を変えることができた？

女性(4)：そうね，例えば私の学校では，好きな服はどんなものでも着られたけど，_{問3}いろいろなアクセサリーを身につけることもできたわ。女の子は化粧をすることもできたし，誰だって，イヤリングやブレスレットやネックレスのようなジュエリーを身につけることができたの。

男性(5)：それは女の子にとっては重要かもしれないけど，男子はそういうのはそれほど気にしないと思うけどな。

女性(5)：必ずしもそうとは言えないわよ。私の学校では化粧をするのはほとんど女子だったけど，ジュエリーを身につける男子も何人かいたわ。

男性(6)：君の学校は本当におおらかだね！

問1　女性が最も言いたいことは何か。

① 男子はジュエリーを身につけることに興味がない。

② 好きなものを身につけることがとても重要だ。

③ 自分の学校にも制服があればよかったのにと思う。

④ 制服は女性の自由の一部を奪うが，男性の自由は奪わない。

問2　男性は制服についてどう思っているか。

① 制服によって彼の生活はより楽になった。

② 制服によって自己表現ができた。

③ 男子が制服を着るのは奇妙だ。

④ 外見を変えることが重要だ。

問3　会話によると，どれが正しいか。

① 女性も男性も学校に制服があることを気にしていなかった。

② 男性は制服は快適でないと感じている。

③ 男性は高価な制服を買わなければならなかった。

④ 女性の高校ではアクセサリーを身につけることが許されていた。

解説 対話の話題と，話者の主張および理由をまとめると以下のようになります。

話題：高校の制服について

話者	主　張	理　由
女性	制服に反対	・制服は自由を奪うものだ。 ・自分の好きなものを何でも着たい。 ・外見を変えることは自己表現の最高の手段だ。
男性	制服に賛成	・慣れてしまえば気にならない。 ・服装は気にしない。 ・服を選ぶ手間が省け，生活が楽になる。

問1　女性は，第2発話で Don't you think they take away your freedom? I like to be able to wear whatever I want. と言って，「制服は自由を奪う」，「着たいものは何でも着たい」と主張しています。続く発話でも同様に，「着たいものを着る自由が重要」，「外見を変えることが自己表現の最高の手段」と強調しています。したがって，正解は ② になります。① は男性の発言内容ですし，女性は ④ のような発言はしていません。女性は最初の発話で「制服なんて勘弁」と言っていますので，③ は，主張と正反対の内容です。また，主張を表す文に Don't you think ...? / like to / much more important / the best way などの表現が用いられていることに注意しましょう。

問2　男性は第3発話で It also made my life easier because I didn't have to choose which clothes to wear in the morning. と言い，さらに第4発話でも I don't really care about fashion, so having uniforms made life easier for me. と言っていますので，制服は男性にとって「生活を楽にするものであった」とわかります。したがって，正解は ① です。② と ④ の内容は女性側の主張です。③ のような発言は，男性も女性もしていません。

問3　女性が第4発話第1文で you could also wear different accessories 「いろいろなアクセサリーを身につけることもできた」と言い，そのあとでその具体例として，イヤリングやブレスレットやネックレスなどを身につけることができたと説明しているので，④ が正解です。① は，男

性は制服を着ることを気にしていないと発言していますが，女性は第1発話 I would hate that! にあるとおり，制服を嫌っているので，不適です。② と ③ は，問2で見たように，男性は制服によって生活が楽になったと言ってはいますが，制服が快適ではなかったとも，高価なものを買ったとも言っていないので，不適です。

語句　no way「とんでもない，あり得ない」，take ～ away / take away ～「～を奪う，取り去る」，get used to *doing*「…することに慣れる」，mind *doing*「…するのを気にする」，express *oneself*「自己表現する」，care about ～「～を気にかける」，wear make-up「化粧をする」，jewelry 图「ジュエリー，装身具」

 話者それぞれの主張とそれを支える理由を整理しながら聞きましょう。

2　正解　問1 ②　問2 ③

スクリプト　※下線部は解答の根拠に当たる箇所です。

W(1): Have you started working on the assignment for sociology class?

M(1): I caught a cold on Thursday, so I didn't go to class. What was the assignment?

W(2): The professor asked us to write an essay on globalization.

M(2): Is that the topic we covered in class?

W(3): Yeah. The positive and negative effects of globalization.

M(3): 問1 I think I can write about the positive effects, but I'm not sure about the negative ones. To me it seems like we're a lot better off now with all our technology, and the world is more peaceful.

W(4): Yeah, but there are some bad effects, too. 問2 For example, how the world is following Western cultural trends.

M(4): I think it goes both ways, doesn't it? A lot of people like Japanese *anime* nowadays, and Japanese food is really popular. I see more and more sushi places around town all the time. Plus there's Italian food, Indian food, reggae music ....

W(5): I see what you're saying. 問2 As for me, I think there are differences in the level of influence of globalization. One of the books we read

113

said that American corporations are much more powerful than other corporations, giving American culture an unfair advantage. You can see a lot more products from America than from other countries.

M(5): Okay, but China's economy is growing more and more, so that might change in the near future.

W(6): That's true. The influence of different countries could change in the future. Maybe you should write about that in your paper.

和訳

女性(1)：社会学のクラスの課題にもう取り組み始めた？

男性(1)：木曜日に風邪をひいてしまったから授業に行かなかったんだ。課題って何？

女性(2)：教授が私たちにグローバル化についてレポートを書いてくるように求めたの。

男性(2)：それが授業で扱った話題なんだね？

女性(3)：そうよ。グローバル化のよい影響と悪い影響。

男性(3)：問1 僕はよい影響については書けそうだけど，悪い影響についてはよくわからないな。現在あるあらゆる科学技術のおかげで僕たちはずっと豊かになっているし，世界はより平和になっているように僕には思える。

女性(4)：そうね，でも悪い影響もあるわ。問2 例えば，世界がいかに西洋文化の流行を追っているかとか。

男性(4)：それは双方向に向かっているんじゃない？　今は日本のアニメを好きな人がたくさんいるし，和食も本当に人気があるよね。町のあちこちでいつだって寿司店を見かけることがますます多くなっている。それにイタリア料理もあるし，インド料理，レゲエミュージック…。

女性(5)：あなたの言っていることはわかるわ。問2 私には，グローバル化の影響の程度にはさまざまあるように思えるの。私たちが読んだ本の1つに，アメリカの企業は他の企業に比べてずっと力が強いから，それがアメリカ文化に不当な優位性を与えていると書いてあった。他の国よりアメリカ発の製品をずっと多く見かけるよね。

男性(5)：わかった。でも中国経済がますます伸びているから，近い将来，それも変わるかもしれないね。

女性(6)：確かにそうね。いろいろな国が持つ影響力が将来変わっていくかもね。ひょっとして，そのことをレポートに書いたらいいじゃない。

問1　男性が最も言いたいことは何か。

① グローバル化が本当はどういう意味なのかわからない。

② グローバル化が悪い影響を持つかどうか確信がない。

③ 科学技術が世界をどう変えるのかに関して不安がある。

④ グローバル化が地球に悪い影響をもたらすと考えている。

問2 **女性が最も言いたいことは何か。**

① 中国は近い将来世界を変えるだろう。

② グローバル化は悪い影響よりもよい影響のほうが大きい。

③ グローバル化の影響の程度はさまざまだ。

④ 西洋化はアジアの国々に悪い影響を及ぼしている。

解説 対話の話題と，話者の主張および理由をまとめると以下のようになります。

話題：グローバル化のよい影響と悪い影響

話者	主　張	理　由
男性	グローバル化は主によい影響をもたらしている。	・世界は豊かになり，平和になっている。 ・影響は双方向に向かっており，西洋文化が一方的に世界に影響を与えているわけではない。
女性	グローバル化には悪い影響もある。	・世界は西洋文化の流行を追っている。 ・アメリカ企業が強いため，アメリカ文化が不当に優位に立っている。

問1　　　男性は，第3発話でI can write about the positive effects, but I'm not sure about the negative ones と言って，「グローバル化の悪い影響についてはわからない（＝書くべきことが思いつかない）」と説明し，さらにそのあと，グローバル化の恩恵について補足しています。西洋文化に追従する点を悪い影響の例として女性が挙げていますが，男性はそれに対しても，it goes both ways「双方向に向かっている（＝広まっているのは西洋文化だけではない）」と言って，自分の意見を変えていません。したがって，正解は ② です。① は，男性が「グローバル化の意味がわからない」と言っている部分は対話の中にないので，不適です。③ に出てくる科学技術に関しては，上述の第3発話の中で人々を豊かにした要因として語ってはいますが，不安の元になっているとは言っていないので，③ も不適です。④ は，上で見たように，男性は「グローバル化がよい影響をもたらすことしか思いつかない」と言っているわけですから，当然不適です。

問2　　　女性は，グローバル化の悪い影響の例として，第4発話で how the world is following Western cultural trends「世界がいかに西洋文化の流行を追っているか」と言っています。これは世界の文化には影響力に偏りがあることを言いたいのだと考えられます。第5発話では，そのことを端的に there are differences in the level of influence of globalization

「グローバル化の影響の程度にはさまざまある」と言っています。したがって，正解は ③ です。① は，男性が最後に，中国の経済成長によって，国の影響力に変化が表れる可能性に言及していて，女性もそれに同意していますが，「中国が近い将来世界を変える」とは言っていないので，不適です。② は，上で見たように女性は主にグローバル化の悪い影響について語っており，どちらの影響がより強いかについては触れていないので，不適です。④ は，上述の第4発話にあるとおり，世界が西洋文化の影響を受けていると女性は説明していますが，アジアが西洋文化から悪い影響を受けているとは言っていないので，不適です。

【語句】 work on ～「～に取り組む」，assignment 图「課題，宿題」，sociology 图「社会学」，professor 图「教授」，essay 图「小論文，レポート」，globalization 图「グローバル化，グローバリゼーション」，positive 形「好ましい，プラスの」，negative 形「悪い，マイナスの」，effect 图「影響」，be well off「豊かだ，恵まれている」，technology 图「科学技術，テクノロジー」，peaceful 形「平和な，穏やかな」，reggae 图「レゲエ（ジャマイカで生まれた大衆音楽）」，as for me「私について言えば」，corporation 图「企業」，advantage 图「優位性」，product 图「製品」

---

3 〔正解〕 A ① B ② C ③ D ⑤ E ④

〰〰〰

スクリプト ※下線部は解答の根拠に当たる箇所です。

M(1): The guests have all gone. That was a wonderful birthday party, and you got so many gifts, Sarah.

W(1): Yes, Peter, but I unwrapped them so quickly, and now I don't think I know who gave me which present. Can you remember?

M(2): Well, maybe some of them. Didn't you keep the name tags with each present?

W(2): No, I got too excited, and now they are all mixed up. Can you help me?

M(3): OK. So, these socks are from Andrew, but I think Steve gave you socks, too.

W(3): Really? I thought Steve gave me the book. ₐI am pretty sure the blue socks are from Andrew because he gave them to me just before he left early with Haruka.

M(4): ₐYes, I remember that Andrew did that before he said goodbye to

116

me. So, which present was in that box?

W(4): _BI think it was the yellow pair of socks.

M(5): _BYes, I think it was! So, we know for sure that you received two pairs of socks, one from Haruka and the other from Andrew. I think they said they went shopping together for them. And that means Steve probably gave you the book. But to make sure, let me ask you this. Was the T-shirt in the blue wrapping paper?

W(5): No, that wrapping paper was for the book; the T-shirt was in the red gift bag. You know, I think the CD was from John.

M(6): No, John arrived after you started opening the presents. _CSo, John must have given you the book because it was the last thing you opened. _DOh, so it has to be Steve that gave you the T-shirt.

W(6): _DOf course! _ESo, the CD was from ...

M(7): _EMe! I can't believe you forgot.

W(7): Oh, Peter. How sweet of you.

和 訳

男性(1)：ゲストはみんな帰ったね。すばらしい誕生日パーティーだったし，こんなにたくさんプレゼントをもらったんだね，サラ。

女性(1)：そうね，ピーター，でもあまりに手早く包みを開けたから，誰がどのプレゼントをくれたのか今はわからないと思うの。覚えてる？

男性(2)：うん，たぶんいくつかは。それぞれのプレゼントにネームタグをつけておかなかったの？

女性(2)：ええ，あまりに舞い上がってしまって，今はみんなごっちゃになってしまったわ。手伝ってくれる？

男性(3)：わかった。まず，この靴下はアンドルーからだね。でもスティーブも君に靴下を贈ったと思うな。

女性(3)：本当？ スティーブは本をくれたと思う。_A青い靴下は間違いなくアンドルーからだわ。彼がこれを渡してくれたのは，ハルカと一緒に早めに出て行く直前のことだったから。

男性(4)：_Aそうだ，アンドルーが，僕にさよならを言う前にそうしたのを思い出した。それで，その箱に入っていたのはどのプレゼントだった？

女性(4)：_B黄色の靴下だったと思う。

男性(5)：_Bうん，きっとそうだ！ じゃあ，君は2足の靴下をもらったっていうことで間違いないね。1足がハルカからで，もう1足がアンドルーから。彼らは一緒に買い物に行ったって言っていたと思う。ということは，スティーブはおそらく君に本を贈ったんだね。でも確認のために質問していいかな。Tシャツは青い包みに入ってい

た？

女性(5)：いいえ，その包みには本が入っていたわ。Tシャツは赤いギフト袋に入ってた。ね
え，CDはジョンからだと思う。

男性(6)：いや，ジョンは君がプレゼントを開け始めてから到着したよ。_Cだから，ジョンは
君に本をあげたに違いないよ。だって，それは君が最後に開けたものだから。_Dあ
あ，そうしたら，Tシャツをくれたのはスティーブになるな。

女性(6)：_Dそうなるわね！　_Eということは，CDをくれたのは…

男性(7)：_E僕だよ！　忘れたなんて信じられないよ。

女性(7)：ああ，ピーター。あなたはなんて優しいの。

ゲスト	サラへのプレゼント
A	青い靴下
B	黄色の靴下
C	本
D	Tシャツ
E	CD

① アンドルー　② ハルカ　③ ジョン　④ ピーター　⑤ スティーブ

解説

A：女性が第3発話 I am pretty sure the blue socks are from Andrew「青い
靴下は間違いなくアンドルーからだわ」と言うと，男性もそれに同意して
いるので，青い靴下はアンドルーからの贈り物であることが決まります。
したがって，　A　は①です。

B：女性が第4発話で「（箱に入っていたのは）黄色の靴下だった」と言うの
を受けて，男性が第5発話で，So, we know for sure that you received two
pairs of socks, one from Haruka and the other from Andrew.「じゃあ，君
は2足の靴下をもらったっていうことで間違いないね。1足がハルカから
で，もう1足がアンドルーから」と言っています。Aで見たように，アン
ドルーからは青い靴下をもらったので，黄色の靴下はハルカからのプレゼ
ントに決まります。したがって，　B　は②です。

C：男性は，第6発話で，ジョンがパーティーに遅れて到着したことを根拠と
して，John must have given you the book because it was the last thing
you opened「ジョンは君に本をあげたに違いないよ。だって，それは君が
最後に開けたものだから」と言っていますので，本はジョンからの贈り物
であることが決まります。したがって，　C　は③です。女性は第3発
話で I thought Steve gave me the book.「スティーブは本をくれたと思う」

と言っており，男性も第5発話で同様に，Steve probably gave you the book「スティーブはおそらく君に本を贈ったんだね」と言っていますが，結局，第6発話でそれを訂正したことになるので，注意しましょう。

D：男性が第6発話でジョンが本をくれたことを話したあとで，it has to be Steve that gave you the T-shirt「Tシャツをくれたのはスティーブになるな」と言うと，女性もそれに同意しているので，Tシャツはスティーブからの贈り物であることが決まります。したがって，　D　は ⑤ です。

E：女性が第6発話で So, the CD was from ...「ということは，CDをくれたのは…」と言いかけると，男性が Me!「僕だよ！」と言っているので，CDを贈ったのは話者のピーターであるとわかります。したがって，　E　は ④ です。

語句　unwrap 動「(包装紙) を開ける」，name tag「名札」，mix 〜 up / mix up 〜「〜をごちゃまぜにする」，make sure「確認する」，must have *done*「…したに違いない」，sweet 形「優しい」

ここが ポイント　対話問題では，情報が提示されたあとで，後の発話でそれが訂正され，**新たな情報に言い換えられる**場合があります。複数の情報が提示される場合は表などを作り，メモをとりながら聞くようにしましょう。

1	正解	問1	A	⑤	B	②	C	②	D	①	E	③	F	④
		問2	③											

∞∞

スクリプト ※下線部は解答の根拠に当たる箇所です。

A<u>Many Americans say with pride that there are no class differences in the US, but this is not really true.</u> Class differences exist, but social mobility is possible with hard work. The American dream is based on people's ability, provided they put enough effort, to reach any goal. But the goal is not to reach the upper classes, and most Americans like to think that they are middle-class.

B<u>The key to the American class system is money.</u> Anyone can live in a pleasant house in a good area of a town and send their children to a top university if they have enough money. C・D<u>Money is obtained through hard work</u>, and so a high social class is seen as a reward for effort, not something that depends on family history. E・F<u>People who improve their social position are proud of being self-made men or women, but those who come from rich families are thought to have an unfair advantage.</u>

It can be difficult to know what social class an American belongs to. A person's accent does not usually indicate class, merely the part of the country they come from. X<u>Even people with a lot of money send their children to state-run schools</u>, and people who do blue-collar jobs encourage their children to get a good education and to become lawyers, doctors, and so forth.

和 訳

A アメリカには階級の違いがないということを，多くのアメリカ人が得意になって言いますが，実際にはこれは真実ではありません。階級の違いは存在しているのですが，努力することで社会階級間の移動が可能となるのです。アメリカンドリームは，人々が十分な努力をすれば，いかなる目標にも到達できるということを基盤にしています。しかしその目標は上流階級に達することではなく，ほとんどのアメリカ人は自分が中流階級にいると考えるのを好みます。

B アメリカの階級制度のカギはお金です。十分なお金があれば，町の好立地にある快適な家

に住むことができますし，子供を一流大学に入れることもできます。_{C・D}お金は努力によって得られるので，高い社会階級は，家系に依拠した何かではなく，努力に対する報酬と見なされるのです。_{E・F}社会的地位を向上させる人は，独力で立身した男性あるいは女性として誇りを持っていますが，裕福な家系出身の人は，不当な優位性を得ていると考えられているのです。

　アメリカ人がどんな社会階級に属しているかを知ることは難しいことがあります。人の言葉遣いはたいていの場合，社会階級を表さず，単に国のどの地域の出身であるかを示すだけです。_Xお金持ちの人々でさえ自分の子供を州立学校に入れますし，肉体労働をしている人々も自分の子供によい教育を受けさせたり，弁護士や医者などになるよう励ましたりします。

ワークシート

アメリカの社会階級

○ アメリカに階級の違いはないという考えは　A　。

○ アメリカの階級制度のカギは　B　。

　→　C　は　D　によって得られる。それが高い社会階級につながる。

○ 社会的地位を向上させる人は　E　男性あるいは女性と見なされる。

　裕福な家系出身の人は　F　優位性を得ていると思われている。

○ 人がどんな社会階級に属しているか知るのは難しい。1つの理由は　X　から。

問1　① 努力　　② お金　　③ 独力で立身した　　④ 不当な　　⑤ 真実でない

問2　① 人が国のどの地域の出身なのかを知るのは難しい

　　　② 人の言葉遣いを正確に特定することはしばしば難しい

　　　③ 金持ちが自分の子供を公立学校に入れることはよくあることだ

　　　④ 肉体労働者が自分の子供によい教育を受けさせることは珍しい

解説　問1　A：第1段落第1文で Many Americans say with pride that there are no class differences in the US, but this is not really true. と言っているので，アメリカに階級の違いがないという考えは not true「真実でない」（= untrue）となり，正解は ⑤ です。

　　　　B：第2段落第1文で The key to the American class system is money. と言っているので，アメリカの階級制度のカギは money「お金」で，正解は ② です。

　　　　C・D：第2段落第3文で Money is obtained through hard work と言っているので，money「お金」は hard work「努力」（= effort）によって得られることになります。したがって，　C　が ②，

　　　　　　　 D 　が ① です。

E・F：第2段落第4文で People who improve their social position are proud of being self-made men or women, but those who come from rich families are thought to have an unfair advantage. と言っているので，社会的地位を向上させる人は self-made「独力で立身した」男性あるいは女性ということになり， E 　は ③ です。また，裕福な家系出身の人は unfair「不当な」優位性を得ていると思われているので， F 　は ④ です。

問2　　第3段落第1文で，アメリカ人がどんな社会階級に属しているかを知ることは難しいことがあると説明され，その理由の1つとして，第3文前半で Even people with a lot of money send their children to state-run schools と言い，金持ちであっても自分の子供を公立学校に入れることを挙げています。したがって，正解は ③ です。① と ② は，第3段落第2文 A person's accent does not usually indicate class, merely the part of the country they come from. で，言葉遣いは単にどの地域の出身なのかを伝えているにすぎないと言っているので，どちらも不適です。④ は，第3段落第3文後半 people who do blue-collar jobs encourage their children to get a good education より，肉体労働者の子供も，よい教育を受けることが考えられるので，不適です。

語句　with pride「誇りを持って，得意げに」，class 图「階級」，social mobility「社会移動，社会的流動性」，provided *SV*「もし…であれば」，obtain 動「〜を得る」，reward 图「報酬」，social position「社会的地位」，self-made 形「独力で立身した」，unfair 形「不当な」，indicate 動「〜を指し示す」，merely 副「ただ単に」，state-run 形「州立の」，blue-collar job「肉体労働」，lawyer 图「弁護士」，〜 and so forth「〜など」（= and so on）

ここがポイント　音声を聞く前に，ワークシート，質問，選択肢を読み，英文の内容を予測しておきましょう。

122

| 2 | 正解 | 問1 | ④ | 問2 | B | 1502 | C | 1555 | D | 1565 | 問3 | ③ |

6

長いモノローグ　解答・解説

スクリプト　※下線部は解答の根拠に当たる箇所です。

Rio de Janeiro is probably the first place that everyone thinks of if asked to name a city in Brazil, but did you know where the name came from?

Rio de Janeiro, which literally translates in English to "January River," despite not having a river there, was the result of a mistake by Portuguese explorer Gaspar de Lemos. _BLemos left Portugal in 1501 on an expedition and arrived at a huge bay in Brazil, known nowadays as Guanabara Bay, the following January. _AMistakenly thinking the bay was the mouth of a river, he decided to call the area Rio de Janeiro after the month he arrived there.

_CA few decades on in 1555, a French colony settled in the bay, the first Europeans to become rooted there. The 500 colonists made a small town on one of the islands in Guanabara Bay and named it Antarctic France. _DHowever, the Portuguese returned, removed the French and founded the city São Sebastião do Rio de Janeiro in 1565.

Nowadays there's a nickname for those who come from Rio de Janeiro, *Cariocas*, which is a native word. Before the Portuguese settled in Rio, the area was occupied by several tribes such as Carijo, Maxakali, Botocudo, and Tupi. _{問3}The word *Carioca* originally comes from *Kara'i oka*, a word from the Tupi language. There are two theories behind this term. The first is that it means "House of Carijo." The second theory, which tends to be more widely accepted as fact, is that it means "House of the White Man."

和訳　リオデジャネイロは，ブラジルの都市の名前を挙げるように求められたら，おそらく誰もが最初に思いつく場所でしょうが，あなたはその名前の由来を知っていますか。

リオデジャネイロは，そこに川がないにもかかわらず英語で文字どおりには「1月の川」と訳されるのですが，これはポルトガル人の探検家カスパール・デ・レモスの間違いの結果でした。_Bレモスは 1501 年に遠征のためポルトガルを出発し，翌年 1 月，現在グアナバラ湾として知られている，ブラジルの大きな湾に着きました。_Aその湾をある川の河口だと勘違いした彼は，その地域を，彼がそこにたどり着いた月にちなんで，リオデジャネイロと呼ぶことに決めたのです。

_Cそれから数十年たった 1555 年，フランス人移民がその湾に入植し，その地に定住した最

初のヨーロッパ人となりました。そこにいた 500 人の植民者がグアナバラ湾にある島の 1 つに小さな町を作り，アンタークティックフランスと名づけました。_Dしかし，1565 年，ポルトガル人が戻ってくると，フランス人を追い出し，サンセバスチャンドリオデジャネイロ市を設立しました。

　現在，リオデジャネイロ出身の人々のことを指す「カリオカ」という呼び名がありますが，これは土着の言葉です。ポルトガル人がリオに定住する前，この地はカリジョ，マシャカリ，ボトクド，トゥピなど，いくつかの部族に占有されていました。_{問3}「カリオカ」という語は，もともとトゥピ語の Kara'i oka という語に由来します。この語の成り立ちには 2 つの説があります。1 つ目の説は，「カリジョの家」という意味だというものです。2 つ目の説は，こちらの方が事実としてより広く認められる傾向にありますが，「白人の家」という意味であるというものです。

ワークシート

○ リオデジャネイロはブラジルの都市の名前である。
　　↓
　それは「1 月の川」を意味する。
　　↓　その理由は？
　ポルトガル人の探検家が 1 月にこの湾に到着したとき，　A　。

○ リオデジャネイロの歴史

年	出　来　事
B	ガスパール・デ・レモスが，現在リオデジャネイロとして知られている土地に着いた。
C	フランス人入植者がその湾に定住した。
D	ポルトガル人が戻り，フランス人を追い出し，リオデジャネイロを設立。

問1　①　彼はその湾がいくつかの大きな川につながっていると信じた

　　　②　彼はその湾が巨大な川によく似ていると思った

　　　③　彼はその湾が川の河口にあることをまさに発見した

　　　④　彼はその湾が川の河口であると勘違いした

問3　①　ブラジルにもともと住んでいた人々はすべての白人を「カリオカ」と呼んだ。

　　　②　リオに最初に定住したポルトガル人はフランス人によって追い出された。

　　　③　「カリオカ」という語はもともとトゥピ語に由来する。

　　　④　リオデジャネイロから来た人々はサンセバスチャンと呼ばれている。

解説　問1　　ワークシートの　A　は，リオデジャネイロが「1 月の川」という

意味を持つ理由の部分です。第2段落最終文 Mistakenly thinking the bay was the mouth of a river, he decided to call the area Rio de Janeiro after the month he arrived there. で説明されたとおり，ポルトガル人探検家が，1月にその湾に着いたとき，そこをある川の河口だと勘違いしたことからその名がついたので，正解は ④ です。

問2　**B**：第2段落第2文で Lemos left Portugal in 1501 on an expedition and arrived at a huge bay in Brazil, known nowadays as Guanabara Bay, the following January. と説明されています。探検家のレモスは 1501 年にポルトガルを出発し，翌年1月にグアナバラ湾に着いたということなので，湾に着いた年は 1502 年ということになります。the following「次の，翌年の」という表現がポイントです。

　　　C：第3段落第1文で A few decades on in 1555, a French colony settled in the bay, the first Europeans to become rooted there. と説明されたので，フランス人がこの地に定住したのは 1555 年ということになります。

　　　D：第3段落最終文で However, the Portuguese returned, removed the French and founded the city São Sebastião do Rio de Janeiro in 1565. と説明されたので，ポルトガル人が戻り，フランス人を追い出して，リオデジャネイロを設立したのは，1565 年ということになります。

問3　　第4段落第3文に The word *Carioca* originally comes from *Kara'i oka*, a word from the Tupi language. 「『カリオカ』という語は，もともとトゥピ語の Kara'i oka という語に由来します」とあるので，正解は ③ です。① は，第4段落第1文 Nowadays there's a nickname for those who come from Rio de Janeiro, *Cariocas*, which is a native word. で説明されたとおり，「カリオカ」はリオデジャネイロ出身の人々を指す語であるとわかるので，不適です。② は，問2で確認したとおり，リオに最初に定住したのはフランス人で，それを追い出したのがポルトガル人なので，不適です。④ は，選択肢 ① で説明したとおり，リオデジャネイロ出身の人は「カリオカ」と呼ばれているのであって「サンセバスチャン」と呼ばれているわけではないので，不適です。

語句　literally 副「文字どおりに」，translate 動「翻訳する」，explorer 名「探検家」，expedition 名「遠征」，bay 名「湾」，the following ～「次の～」，mistakenly 副「誤って」，the mouth of a river「河口」，after ～ 前「～にちなんで」，colony 名「移民団」，settle 動「定住する」，root 動「(受身で) 定着する，根づく」，colonist 名「入植

6

長いモノローグ　解答・解説

125

者」，nickname 名「呼び名，愛称」，occupy 動「〜に居住する，〜を占有する」，tribe 名「部族，種族」，originally 副「もともと」，theory 名「説」，term 名「用語」

 ここがポイント　2桁ずつ区切って読まれる西暦の聞き取りに慣れましょう。また，the following「次の」，the previous「前の」，〜 later「〜後に」などの表現に注意しましょう。

例）1501 年 [fifteen oh one]，1555 年 [fifteen fifty-five]，1565 年 [fifteen sixty-five]，the following year「翌年」，the previous week「前の週」，three years later「3 年後」

3 正解　問1 A ① B ③ C ② D ③　問2 ② 問3 ③ 問4 ④

問1〜3

スクリプト ※下線部は解答の根拠に当たる箇所です。

A Gray wolf populations were already in decline when Yellowstone National Park was created in 1872. The opening of the park didn't help protect wolves. Officially, the last wolves in Yellowstone were killed in 1926. After that time, occasional reports of wolves still occurred, but scientists confirmed that sustainable wolf populations had been abolished and were absent from Yellowstone during the mid-1900s.

B·C Once the wolves were gone, the population of the elk, a large North American deer which wolves prey on, began to rise, and X the ecosystem of Yellowstone declined drastically because they grazed on too many plant species. The park service started trapping and moving the elk and, when that was not effective, killing them. Elk control prevented further decay of the range, but didn't improve the environment overall.

At times, people would mention bringing wolves back to Yellowstone to help control the elk population. After many arguments, the government began to reintroduce wolves from Canada in 1995. D The wolves increased in number smoothly at first, yet as of now there are about 100 wolves living in Yellowstone. 問3 It is reported that the wolf reintroduction has had important impacts on biodiversity in Yellowstone.

和訳　A ハイイロオオカミの個体数は，イエローストーン国立公園が 1872 年に創設されたときにはすでに減少しつつありました。公園の創設はオオカミを保護することに効果がありません

126

でした。公式発表では，イエローストーンに生息していた最後のオオカミが殺されたのは1926年のことでした。それ以降，オオカミの目撃報告がときおりありましたが，科学者は，オオカミの持続可能な個体数は完全に絶え，1900年代半ばには，イエローストーンにオオカミがいなかったことを確認しました。

B·Cオオカミがいなくなると，彼らが捕食していた北米の大型のシカであるヘラジカの数が増え始め，ₓヘラジカがあまりに多くの植物種を食べたためにイエローストーンの生態系が急激に悪化しました。公園管理者がヘラジカを罠で捕らえて移動させたり，それがうまくいかないときには，殺したりすることを始めました。ヘラジカを制御することで，生息域のさらなる崩壊は防げましたが，環境を全体的に改善するには至りませんでした。

ときどき人々は，ヘラジカの個体数を制御するためにイエローストーンにオオカミを戻すことを話題にしたものでした。多くの議論を経た後，1995年，政府はカナダからオオカミを再び導入し始めました。Dオオカミの数は最初，順調に増えていきましたが，現在，イエローストーンに生息するオオカミは100頭ほどです。問3オオカミの再導入はイエローストーンの生物多様性に重要な影響を与えてきたと報告されています。

ワークシート

```
                    イエローストーンの生態系
○問題
  オオカミ：公園が開園したとき個体数は [  A  ]。
                          ↓
              最後のオオカミが殺された。
                          ↓
  ヘラジカ：個体数は徐々に [  B  ]。
            …理由は？⇒ 捕食動物が [  C  ]。
                          ↓
  主たる問題：イエローストーンの生態系が悪化した。
            …理由は？⇒ [  X  ]
○解決策
  ・最初：公園管理者がヘラジカを罠で捕らえ，移動させた。
  ・ときおり：ヘラジカを殺した。
                          ↓
  ・1995年：カナダからオオカミを再導入した。
○結果
  オオカミの個体数は徐々に [  D  ]。
```

問1　①　減少した　　②　消えた　　③　増加した　　④　再導入した

問2　①　初期の解決策はまったく効果がなかった。

　　　②　ヘラジカがあまりに多くの植物を食べた。

③ 周辺の環境があまりに特殊だった。

④ オオカミがあまりに多くのヘラジカを捕食した。

問3 ① 1900 年代半ば，イエローストーンではしばしば来園者によってオオカミの群れが目撃された。

② 1872 年，科学者がイエローストーンで初めてオオカミの群れを発見した。

③ 1995 年のオオカミ再導入以来，公園の生物多様性に関して好ましい影響が報告されている。

④ イエローストーン国立公園は，1926 年，既存のオオカミを保護するために開園した。

解説 問1 A：第1段落第1文 Gray wolf populations were already in decline when Yellowstone National Park was created より，オオカミの個体数は公園創設時には減少していたことがわかるので，正解は ① です。

B・C：第2段落第1文の前半に the population of the elk, ... began to rise とあるので，ヘラジカの個体数は増え始めたことがわかります。その理由はヘラジカの捕食動物であるオオカミがイエローストーンからいなくなったからであると説明されています。したがって，　B　の正解は ③，　C　は ② になります。

D：第3段落第3文 The wolves increased in number smoothly at first より，オオカミは再導入後，数が増加したことがわかるので，正解は ③ です。

問2 イエローストーンの生態系が悪化した理由は，第2段落第1文後半 the ecosystem of Yellowstone declined drastically because they (= the elk) grazed on too many plant species で説明されたとおり，オオカミ全滅後，数の増えたヘラジカがあまりに多くの植物を食べてしまったからです。したがって，正解は ② です。

問3 第3段落最終文に It is reported that the wolf reintroduction has had important impacts on biodiversity in Yellowstone. と説明されているとおり，イエローストーンにオオカミを再導入したことは公園の生物多様性に重要な影響を及ぼしたと報告されています。またこの再導入は，前の文から 1995 年のことだとわかるので，正解は ③ になります。①は，第1段落最終文に「科学者は，1900 年代半ばには，オオカミは公園にいなかったことを確認した」と説明されているので，不適です。②は，第1段落第1文に，1872 年にイエローストーン国立公園が創設されたという説明はありますが，オオカミの群れを初めて発見したとは言っていないので，不適です。④は，第1段落第3文にあるとおり，1926

年はイエローストーンにおける最後のオオカミが殺された年であって、イエローストーン国立公園が創設された年ではないので、不適です。また、イエローストーン国立公園はオオカミの保護のために創設されたという説明もありません。

問 4

スクリプト ※下線部は解答の根拠に当たる箇所です。

Let's take a look at the graph concerning the wolf population in Yellowstone National Park. <u>In the several years following the wolf reintroduction, the population grew rapidly.</u> However, the population hasn't been stable. From time to time, disease kills a number of pups and old adults. So, what can we learn from all this and the graph?

和訳 イエローストーン国立公園のオオカミの個体数に関するグラフを見てみましょう。<u>オオカミが再導入されたあとの数年間、個体数は急速に伸びました。</u>しかし、その数は安定していません。ときに、病気によって幼いオオカミや年老いたオオカミが死ぬからです。では、私たちはこうしたことすべてやグラフから何を知ることができるでしょうか。

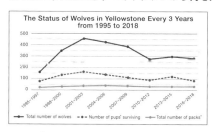

The Status of Wolves in Yellowstone Every 3 Years from 1995 to 2018

pup ＝ 幼いオオカミ
pack ＝ 集団で狩りをする野生動物の群れ

① オオカミの群れの数は現在まで安定して増えている。

② 生き残った幼いオオカミの数は 1990 年代後半が最も多かった。

③ 1 つの群れに属するオオカミの数はほとんど変わらなかった。

④ オオカミの数は再導入後 3 年以内に 100 頭を超えた。

解説 第 2 文に In the several years following the wolf reintroduction, the population grew rapidly. とあり，グラフを見ると，オオカミの個体数は最初の 3 年である 1995 年から 1997 年の時点で 100 を超えていることがわかるので，正解は ④ です。① は，グラフの変化，および第 3 文 the population hasn't been stable より，オオカミの数は安定して増えてきたとはいえないので，不適です。② は，グラフを見ると，幼いオオカミの数は 2000 年代初頭にピークを迎えていることがわかるので，不適です。③ の判断については，簡単な計算が必要です。例えば 1995 ～ 1997 年のオオカミの総数は約 160 で，群れの総数は約 20 なので，群れ当たりのオオカミの個体数は 160 ÷ 20 ＝ 8 頭ほどになります。これが 1998 ～ 2000 年では，350 ÷ 30 ≒ 11 頭ほどになるので，ほとんど変わらなかったとはいえなくなります。したがって，③ も不適です。

語句 concerning ～ 前「～に関する」，following ～ 前「～のあとの，～に続く」，rapidly 副「急速に」，stable 形「安定した」，from time to time「ときおり」，disease 名「病気」，pup 名「（犬やオオカミなどの）子」

音読・ディクテーショントレーニング

復習のしかた

- **音読**
  トレーニング用音声の発音をまねて，スクリプトを声に出して読みましょう。
- **シャドーイング**
  トレーニング用音声を聞きながら，すぐあとに続いて繰り返しましょう。
- **ディクテーション**
  スクリプトを見ないでトレーニング用音声を聞き，英文を書き取りましょう。

1

 Check 1·2　和訳 ▶ pp.14, 15　◀))28

Because of the bad traffic, John couldn't get to the office by nine.

I could have helped you if you had asked me to.

1　和訳 ▶ pp.64, 65, 66　◀))29

問 1　I don't like the one in white nor the one with long sleeves, so I'll take this, please.

問 2　Jenny is much taller than Jeff, and she put the book on the top shelf for him.

問 3　My father picked me up at the airport after filling up at the gas station.

問 4　He is thinking of going swimming at the gym, but he has too much work at the office.

問 5　She sent an email from her mobile phone just before leaving school for home.

問 6　To get to the bookstore, turn right at the next corner, and you can see it immediately on your left.

2　和訳 ▶ pp.67, 68, 69　◀))30

問 1　The doctor advised Ken to change his diet to lose weight.

問 2　Mary didn't want to go shopping, so her husband went for her.

問3　The music the people next door were listening to was too loud for John to ignore.

問4　The students founded the organization to raise money for people in need.

問5　If the police officer had not fallen down, he would have caught the thief.

 和訳 ▶ p.20　　　　　　　　　　　　◀))31

M: Look at the building! It's all made of brick!

W: And I like a low-rise building like this.

M: I agree. I don't want any skyscrapers around here.

W: I wish there were open spaces with a lot of green.

 和訳 ▶ p.21　　　　　　　　　　　　◀))32

W: Oh, the bus has just left.

M: When does the next one come?

W: That was today's last one, I'm afraid.

M: Oh, no.

W: So, let's get a cup of coffee at the cafe across the street, and think about what to do.

M: Well, we'll have no choice but to take a taxi. But, OK, I want to eat something there.

1 　問 1　和訳 ▶ p.70　　　　　　　　　　　　◀))33

W: It stopped raining!

M: Yes! We haven't been able to use the school yard for a week!

W: I'm sick of using the gym. It's been crowded with students.

M: Members of the soccer club and the baseball club have also been practicing indoors.

W: Oh, I forgot my racket. Please go ahead. I'll fetch it from my locker.

1 問2　和訳▶p.71　　　　　　　　　　　　◀)) 34

M: Can you tell me what you want to do here?

W: I'd like to work as a delivery person.

M: Do you have any experience in doing that kind of work?

W: Almost. I delivered pizza by bicycle for a while, but now I've got a driver's license.

1 問3　和訳▶p.72　　　　　　　　　　　　◀)) 35

W: Do you know how to get to the nearest bank?

M: Sure. Walk along this avenue for two blocks and then turn left on 2nd Street.

W: OK. Walk up to 2nd Street.

M: Yes. And turn left on the street and it's at the end of the block.

W: Is it on the left-hand side?

M: No, it's on the right.

1 問4　和訳▶p.73　　　　　　　　　　　　◀)) 36

M: Is that everything?

W: Yes. Thank you.

M: These face masks are all in a small size. Is that OK?

W: Oh, no, I wanted large for my husband. I'll go change one of them.

2 問1　和訳▶p.74　　　　　　　　　　　　◀)) 37

W: Excuse me, is this the right platform for the community center?

M: No, this platform is for track numbers one and two. You should wait at track three on the opposite platform.

W: Do you know which train I should take?

M: Take any train bound for Nakamachi or Kencho-mae.

2 問2 和訳▶p.75 ◀)）38

M: What is the earliest day I can make an appointment?

W: Would you like to come at 2 p.m. on Tuesday?

M: Do you have any earlier time on that day?

W: I'm afraid we don't. But 9 a.m. on the next day would be available.

M: Fine. I'd like to come at that time.

2 問3 和訳▶p.75 ◀)）39

M: Oh, the game has already started.

W: Yes, but the Blue Dragons are behind, although they made one goal first in the beginning.

M: So the Red Borders scored two goals already, didn't they?

W: No. Actually three.

M: Oh, they are unstoppable this season.

2 問4 和訳▶p.76 ◀)）40

M: What time shall we leave home?

W: I think we should leave at 6 a.m.

M: So early?

W: We need to arrive at the airport two hours before the departure time.

M: And it will take almost one hour to the airport from home, right?

W: Yes. That's why we have to leave so early.

2 問5　和訳▶p.77　　　　　　　　　　　◀))41

M: My writing was nominated for The Blue Style Magazine Award.

W: Wow, congratulations!

M: Thank you, but I've not yet heard whether I've won.

W: When will you find out the results?

M: I think it will be announced next week.

3

 ✓ **Check 1**　　　和訳▶p.26　　　　　　　　◀))42

Hi, Steven, it's Jill here. Just leaving you a message. I'm going to be a bit late. I was at college all afternoon working in the library on my project. Anyway, I'm on my way. I'm in line waiting for the bus, but the one that goes to the movie theater still hasn't come. I hope to be with you soon, before the movie starts. Bye!

 ✓ **Check 2**　　　和訳▶p.28　　　　　　　　◀))43

One hundred North American university students, 50 men and 50 women, were recently surveyed about what their favorite snacks were. There were four types of snacks for students to choose from: chocolate, fruit, potato chips, and vegetables. The highest rated category was "fruit" with 97 students choosing this category. Slightly lower was "vegetables." Surprisingly, the lowest category to be selected was "potato chips" with only 25 students indicating they enjoyed eating this snack. "Chocolate" was double the number for "potato chips." It is encouraging that the university students in this study rated healthy snack choices so highly.

1　問1　和訳▶p.78　　　　　　　　　　　◀))44

The Suzuki family went to an amusement park last Sunday. In the morning, they drove 60 kilometers from their home to the park in an hour and a half. In the evening, however, they were caught in a traffic jam on their way home and the trip took two hours and a half.

1 問2　和訳▶p.79　◀ဪ)45

Animal assisted therapy is a type of medical treatment that involves animals. Dogs and horses are the most common animals that are used for the therapy. Although its effectiveness is still unclear, a large number of studies show that this type of therapy works well for psychological disorders. It is used not only in medical settings but is also applied to educational programs. In fact, a one-year-old dog, Harry, for example, who goes to Cabramatta High School in Sydney, helps reduce any stressful feelings that students may have. He supports their studies by just being there. He sits with them in the classroom without judging anybody.

1 問3　和訳▶p.80　◀ဪ)46

I have to cancel my Internet service in my apartment because I'm going to be transferred overseas for my job next month. I called the service company, and I got the following prerecorded message.

Thank you for calling Ultra Internet Service. Please note that this telephone conversation is to be recorded in order to improve our service. If you have a question about your payment or would like to change your payment plan, press one. If you are experiencing trouble with our Internet service, press two. If you would like to stop using our service or change your service location, press three. For all other questions, please stay on the line. We will connect you to an operator from our customer service center.

2 問1　和訳▶p.81　◀ဪ)47

Hello, Mr. Lee, this is James from Jam Auto Shop calling with some information regarding your car repair. I know we told you that it would take until next Monday to get the part we ordered, but we got the part much earlier than expected and I've just finished the repairs. I'm afraid that we close every Wednesday, so tomorrow we can't return it, but I wanted to let you know you can pick up your car anytime the day after tomorrow.

2 問2 和訳▶p.83 ◀))48

Attention, all passengers. Air Japan Flight 99 scheduled to depart at 4:30 p.m. for Vancouver has been delayed. The new departure time has been changed to 6:30 p.m. this evening. The original gate number, B4, has also changed. The new gate number is now C12. All passengers are kindly reminded that they must be at the gate at least 30 minutes prior to departure. We sincerely apologize for any inconvenience that this unforeseen delay may cause you today. Thank you for your attention.

2 問3 和訳▶p.84 ◀))49

When I was going to leave home this morning, I couldn't find the baseball cap which I always wear when I go out to watch baseball games. Though I was looking for it for a while, I couldn't find it anywhere in the house, so I left home without it. I went to the train station to go to the baseball stadium. When I was going to go through a gate, however, I realized my wallet was not in my pocket. My railway IC card was in the wallet. I must have left it home as I was too concerned about finding my cap. Just in case, I searched my backpack for the wallet and I couldn't find it, but instead of that, the missing cap was in there. I had to buy a train ticket, but I didn't have any money. I gave up watching the game and went back home with the cap on.

3 問1 和訳▶p.85 ◀))50

The graph shows the total number of hours worked by four employees, Lisa, Nancy, Paul, and Steve, in February and March last year. In March, Paul and Steve had the greatest number of working hours. The person who had the smallest amount of change in working hours between February and March was Nancy, while the person who had the greatest amount of change is Steve.

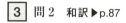 **3** 問 2　和訳▶p.87　　　　　　　　　　　　　　　◀))51

There are forty students in my class, twenty boys and twenty girls. All of us participated in a survey about our favorite hobbies. For this survey, we were asked to select one item from four choices: "doing sports," "reading books," "watching movies," and "other." In our class there are few book lovers, unfortunately, but there are many active students: half of the boys selected sports, and so did half of the girls, followed by thirty percent of the students who enjoy watching movies. Just under 20 percent of the students have other hobbies.

 **3** 問 3　和訳▶p.88　　　　　　　　　　　　　　　◀))52

Our regular weekday sale will start from next week. Can you help me write on the map when the regular sale will be held? The sale day depends on where the shops are located. Every Monday, the sale is scheduled at the shops in the Blue Wing. Every Wednesday, it will be held in the Yellow and Green wings. The shops in the Red Wing will hold it on Fridays. Remember, although no regular weekday sale is scheduled on the other days, we may have a special discount sale sometimes.

 **3** 問 4　和訳▶p.89　　　　　　　　　　　　　　　◀))53

The amount of lost cash turned in to police stations in Tokyo in 2018 increased by 2.4 percent to a record 3.8 billion yen. According to the Lost and Found Center of the Tokyo Metropolitan Police, only about 2.8 billion yen of that amount was returned to the rightful owners. Meanwhile, around 500 million yen of the amount that was not claimed went back to the people who found the money. The same amount was claimed by the government.

4

1. Hello, this is Akiko speaking. I, um, I just started studying English hard. I want to, uh, improve my speaking skills. I like, uh, I want to practice with people from foreign countries. This job is perfect for that. I have a part-time job on Sunday evenings. Thank you!

2. Hi, I'm Hiroshi, but my friends call me "Hiro." I lived in Canada for 3 years and I'm pretty fluent in English. Currently, I work as an interpreter on weekends. I'd love to help out! Please let me know if you need any other information. Thanks. Bye!

3. Good morning. This is Keiko. I was an exchange student in Australia for a year and I'm a volunteer guide for foreign visitors at my school. I'm available most days, but Wednesday evenings I've got band practice. Thank you for your time. Bye.

4. Hi, my name's Masato. My English is good, but it will be my first time doing a volunteer work using English. I'm applying because I hope to gain that kind of experience. I'm free on most weekdays except for Thursdays. Please consider me for this position! Goodbye.

Student 1: Test season is in a few weeks, and carbohydrates are the preferred source of energy for mental function. I think rice, potatoes, pasta and bread are good brain food! You are what you eat!

Student 2: Many people try to reduce the fat in their diet, but instead they should lower the amount of carbohydrates they eat. In one study, people on a high carbohydrate diet had an almost 30% higher risk of dying than people eating a low carbohydrate diet.

Student 3: The necessary calories for the body can be taken in from protein and fat, which are included in foods such as meat and nuts. The body requires these for proper functioning. Protein and fat previously stored in the body can be used as a more reliable source of energy than carbohydrates.

Student 4: Well, as an athlete, I need to perform well. My coach said that long distance runners need carbohydrates to increase stamina and speed up recovery. Carbohydrates improve athletic performance. Athletes get less tired and compete better for a longer period of time.

If I eat a high carbohydrate diet, I tend to get hungry sooner and then eat snacks. Also, I read snacks raise the sugar levels in the blood, and the ups and downs of blood sugar lead to eating continuously. This makes you gain excessive weight.

1 問1 和訳▶p.92 ◀))56

1. If you like romances, you should see *Unknown Instinct*. I saw many good reviews and comments about this movie on a website. There are many theaters showing this movie, including the movie complex in the shopping mall in our city, so it's easy to access.

2. I love *Aqua Report*! I wonder why not so many people give this wonderful movie high ratings. I've seen a lot of action movies, but this is one of my favorites, though some people may think it's a rather confusing story. I've already seen it three times at the cinema near my house.

3. *Violent Break* is a wonderful action movie. If you don't mind seeing some violent scenes, I recommend this movie. The quality of the acting is why it has very good ticket sales. Luckily, the small theater in our town is showing it now. You shouldn't miss it.

4. You'll enjoy *Space Battle Warriors*. I laughed a lot, sweated a lot, and cried a lot. It just started showing one week ago but already has received high ratings. If you like action movies, you should see it on the big screen at the movie theater. Unfortunately, you need to go to the neighboring city to see it.

1. Hi, my name is Yosuke. I work for a bank. I'm very busy. I go to work early in the morning and usually get home late at night, so I can't have any pets. What relaxes me the most is playing light music on the guitar on weekends.

2. Hi. My name is Lisa. My hobbies are reading novels and watching movies. I don't have any pets, but a friend of mine wants to give me a kitty. I am wondering if I should receive it. I'm a sophomore at university, so I want to live near my campus.

3. Hello, I'm John. I'm a college student, and I work at a bakery shop twice a week. I have no hobbies, but I love to be with my dog. I walk him every morning before I go to class. When I have no work, I want to come home as early as possible for him.

4. Hello, my name is Cathy. Last year, I graduated from university and began working for a trading company. I am trying to get used to commuting every day, and I'm looking for an apartment near the station. I don't have any pets or hobbies. I loved to play the piano, but I was too busy to find time, so I sold mine.

1. Hi, I'm Ken. According to our teacher, students who are good at math are also good at English and physics. However, I seem to be an exception. I can calculate quickly and correctly, but it's hard for me to understand the idea of physics and I'm average at languages.

2. Hello, I'm Michiko. My teacher kindly said I was excellent in math and physics as well as English in the final exams and that I will surely become successful at science internationally. I'm very happy to hear that.

3. Hi, my name is Kazuki. I love to read and write but hate numbers. Although I am good at remembering important years in history, I am very bad at physics. Honestly, I hate exams.

4. Hello, my name is Yoshiko. I am very good at English, but not so good at other subjects. My teacher always encourages me to go to America to study English. Now I'm thinking of applying for the exchange program.

Principle One: Lucky people are skilled at creating, noticing and acting upon any opportunities. They do this in various ways, including networking, adopting a relaxed attitude to life and by embracing any new experiences.

Principle Two: Lucky people make effective decisions by listening to their instincts and gut feelings. In addition, they take steps to actively boost their intuitive abilities by, for example, meditating and clearing their mind of unnecessary thoughts.

Principle Three: Lucky people are certain that life is going to be full of good fortune. These expectations become self-fulfilling prophecies by helping lucky people persist in the face of failure, and shape their interactions with others in a positive way.

Principle Four: Lucky people employ various psychological techniques to cope with, and often even prosper from the ill fortune that comes their way. For example, they consider how things were not really as bad as they seemed, do not focus on the ill fortune, and take control of the situation.

Student 1: It cuts down on time and effort to get information, and enables us to connect with others easily. I have just sent a homework assignment to my literature professor. I truly believe that it has made the world smaller and more accessible.

Student 2: It has undoubtedly had negative effects on people's lives. People, especially young people, spend too much time online, playing games, chatting with friends, or looking at SNS. I think this is a kind of addiction. Some people might not be able to stop using it even if they want to spend more time for other activities.

Student 3: I can't imagine life without it. I rely on it for everything from online shopping to streaming my favorite shows. I doubt I could go a day without it. In fact, just this morning I've already used it to check the weather forecast, chat with a friend, write a few e-mails, and book a pair of tickets to the movies tonight. What would I do without it?

Student 4: Communicating on the Internet is not as important as real face-to-face interaction with other people. If young people do so regularly, they can develop interpersonal communication skills. They should have and extend real relationships with their friends instead of developing online relationships.

If people spend most of their leisure time online and not mixing with others in their neighborhoods, this will not only have negative effects on their local communities, but also would lead to a feeling of isolation for them because they wouldn't have a real person to turn to in times of need.

3 和訳 ▶ pp.103, 105 　　　　　　　　　　　 ◀)) 61

Student 1: Limitless air travel inside Japan is a luxury that we can no longer afford. The main reason is that it is extremely damaging to the environment. The carbon gases produced by aircraft are in very large amounts and are a proven cause of global warming. Therefore, we should try and reduce air travel as much as possible to protect the environment, not only for Japan but also for the whole world.

Student 2: Air travel is actually unnecessary within the four islands of Japan. Now, while I appreciate that travel to Okinawa is a different case, there are efficient train services throughout Japan that are fast and environmentally friendly. These make an excellent alternative to air flights, so there is really no need to use airplanes in most cases.

Student 3: The most important reason why we should not limit air travel is the issue of freedom. People in a democracy expect the right to travel as they wish. Planes have made our lives more convenient and created more opportunities for everyone. We should not reduce our quality of life.

Student 4: I think there is a strong economic case to support flying. Many jobs depend on air travel, not just the pilots and cabin staff, but also people who work in airports or for airlines, or have jobs that rely on fast transport. They should not have to lose their livelihoods.

Student 5: Air travel is expensive for passengers because the price of fuel keeps increasing, and airline companies are struggling to make profits. Moreover, regional airports often cannot attract enough customers, and, overall, the industry is not cost-effective. It's time to admit that air travel is too damaging and expensive to be sustainable.

Instead of driving, taking the train, or sailing at a slow pace, people could get to their destinations much quicker, and visit places they only dreamed about. Thanks to airplanes, I'm sure tourism has boomed, creating new businesses all over the world. And besides helping tourism, I'm sure airplanes are helping the economy in countless ways. Planes have made products and services immediately available.

 4 和訳 ▶p.106   ◀))62

Selena (1): Hi, Demi. You look worried. What's wrong?

Demi (1): Hi, Selena. Yeah, I'm trying to stop my grandpa from driving, but he wouldn't listen to me.

Ryota (1): Why? Don't you think your grandpa can drive safely anymore?

Demi (2): No, Ryota. He's already 83.

Kevin (1): However, he seems really healthy.

Demi (3): I know, Kevin, but elderly people's physical and mental abilities decline every day. Though they can drive safely now, they might cause car accidents next month.

Ryota (2): I don't necessarily think that's true. In Japan, more young people cause accidents than elderly people do.

Demi (4): Really? I don't believe that, Ryota. I think people over a certain age must be prohibited from driving.

Ryota (3): What do you think, Selena?

Selena (2): I agree with Demi. It's dangerous for elderly people to drive. Their eyes are also getting weaker.

Kevin (2): But some elderly people have problems if they can't drive.

Ryota (4): There're alternatives like taxis, buses and subways, Kevin.

Kevin(3): You are a city boy, Ryota. Not all the people in the countryside have access to those things.

Selena(3): That's a big problem, for sure. Good point.

Kevin(4): Yes, Selena. And, don't you think elderly people can continue to drive safely if they have to take driving tests regularly?

Selena(4): Exactly, Kevin.

Ryota(5): I think both Demi and Kevin made good points. By the way, you wouldn't have to worry about that if self-driving systems come into practical use in the near future.

5

  和訳 ▶ p.47   ◀)) 63

M(1): We went to Australia on our school trip.

W(1): Nice! We only went to Tokyo. I've never been abroad, and I wish I could have gone when I was a high school student.

M(2): Oh, yeah? In fact, looking back, I wish I had gone somewhere in Japan — like Hiroshima or Nara because I wasn't ready to go abroad yet.

W(2): What do you mean? You can go to places like that any time. Maybe you wouldn't have had a chance to go abroad otherwise.

M(3): I wish I had known more about Japan back then. People in Australia asked me a lot of questions about Japan, but it was very hard for me to answer them. Also, I needed more English skills.

W(3): But, didn't you find that using English in real situations improved your skills? I wish I had had that opportunity.

M(4): No, not really. The trip was too short to really take advantage of that.

W(4): In any case, such an experience should be appreciated.

1   和訳 ▶ p.110   ◀)) 64

M(1): Did you have school uniforms in your high school, Diane?

W(1): No way! I would hate that!

M(2): Really? My school had uniforms, and I liked having them.

W(2): You did? Don't you think they take away your freedom? I like to be able to wear whatever I want.

M(3): I thought so at first too, but after a while I got used to wearing a uniform. It also made my life easier because I didn't have to choose which clothes to wear in the morning.

W(3): I don't mind taking time to choose my clothes in the morning. The freedom to wear what I want is much more important to me. Changing my looks is the best way for me to express myself.

M(4): I never thought about clothes as being a way to express myself. I don't really care about fashion, so having uniforms made life easier for me. What do you mean by changing your looks though? What else could you change every day at your school other than your clothes?

W(4): Well, for example, in my school you could wear whatever clothes you wanted, but you could also wear different accessories. Girls could wear make-up and everyone could wear jewelry like earrings, bracelets and necklaces.

M(5): Maybe that's important for girls, but I don't think boys care about those things so much.

W(5): That's not necessarily true. It was mostly girls that wore make-up in my school, but some boys also wore jewelry.

M(6): Your school is so liberal!

2 和訳 ▶p.114 ◀)65

W(1): Have you started working on the assignment for sociology class?

M(1): I caught a cold on Thursday, so I didn't go to class. What was the assignment?

W(2): The professor asked us to write an essay on globalization.

M(2): Is that the topic we covered in class?

W(3): Yeah. The positive and negative effects of globalization.

M(3): I think I can write about the positive effects, but I'm not sure about the negative ones. To me it seems like we're a lot better off now with all our technology, and the world is more peaceful.

W(4): Yeah, but there are some bad effects, too. For example, how the world is following Western cultural trends.

M(4): I think it goes both ways, doesn't it? A lot of people like Japanese *anime* nowadays, and Japanese food is really popular. I see more and more sushi places around town all the time. Plus there's Italian food, Indian food, reggae music ....

W(5): I see what you're saying. As for me, I think there are differences in the level of influence of globalization. One of the books we read said that American corporations are much more powerful than other corporations, giving American culture an unfair advantage. You can see a lot more products from America than from other countries.

M(5): Okay, but China's economy is growing more and more, so that might change in the near future.

W(6): That's true. The influence of different countries could change in the future. Maybe you should write about that in your paper.

---

3 和訳 ▶p.117

M(1): The guests have all gone. That was a wonderful birthday party, and you got so many gifts, Sarah.

W(1): Yes, Peter, but I unwrapped them so quickly, and now I don't think I know who gave me which present. Can you remember?

M(2): Well, maybe some of them. Didn't you keep the name tags with each present?

W(2): No, I got too excited, and now they are all mixed up. Can you help me?

M(3): OK. So, these socks are from Andrew, but I think Steve gave you socks, too.

W(3): Really? I thought Steve gave me the book. I am pretty sure the blue socks are from Andrew because he gave them to me just before he left early with Haruka.

M(4): Yes, I remember that Andrew did that before he said goodbye to me. So, which present was in that box?

W(4): I think it was the yellow pair of socks.

M(5): Yes, I think it was! So, we know for sure that you received two pairs of socks, one from Haruka and the other from Andrew. I think they said they went shopping together for them. And that means Steve probably gave you the book. But to make sure, let me ask you this. Was the T-shirt in the blue wrapping paper?

W(5): No, that wrapping paper was for the book; the T-shirt was in the red gift bag. You know, I think the CD was from John.

M(6): No, John arrived after you started opening the presents. So, John must have given you the book because it was the last thing you opened. Oh, so it has to be Steve that gave you the T-shirt.

W(6): Of course! So, the CD was from ...

M(7): Me! I can't believe you forgot.

W(7): Oh, Peter. How sweet of you.

和訳 ▶ pp.55, 58　　　　　　　　67　

Do you like buying new clothes? Today I'm going to talk about clothing and its connection to the environmental crisis we are facing now. Worldwide, we consume about 80 billion items of new clothing each year. That number is 400% higher than what we were consuming two decades ago. Do you know why? This increase is closely related to the fact that clothes are cheaply produced and sold at low prices. How long do you wear your clothes? The life of such cheaply produced clothing is, on average, 2.2 years. Some clothing stores are trying hard to reuse or recycle the clothes. But unfortunately, tons of clothes still end up being burned or buried as waste.

Burning or burying such a large amount of textile waste adds to our present environmental crisis. Burning non-natural fibers such as polyester and nylon can produce air pollution including a huge amount of CO_2. Burying unwanted clothes also causes a lot of pollution. Do you know how long the buried clothes stay in the ground? Those non-natural fibers are basically plastics made from oil, which means they could take up to a thousand years to become part of the earth once again. In contrast, natural fibers like cotton and silk go back to the earth quickly. However, they produce greenhouse gases, such as methane, as they break down under the ground. In addition, chemicals may have been used to dye or bleach those natural fibers, and the remaining chemicals can eventually reach underground water.

Now let's consider how much energy is used in the life cycle of clothing. Look at this chart comparing a cotton T-shirt and a rayon blouse. Although rayon looks like a non-natural material, it is actually made from wood pulp. Notice the differences between these two types of natural-fiber clothes.

1 和訳 ▶p.120　　　　　　　　　　　◀)) 68

Many Americans say with pride that there are no class differences in the US, but this is not really true. Class differences exist, but social mobility is possible with hard work. The American dream is based on people's ability, provided they put enough effort, to reach any goal. But the goal is not to reach the upper classes, and most Americans like to think that they are middle-class.

The key to the American class system is money. Anyone can live in a pleasant house in a good area of a town and send their children to a top university if they have enough money. Money is obtained through hard work, and so a high social class is seen as a reward for effort, not something that depends on family history. People who improve their social position are proud of being self-made men or women, but those who come from rich families are thought to have an unfair advantage.

It can be difficult to know what social class an American belongs to. A person's accent does not usually indicate class, merely the part of the country they come from. Even people with a lot of money send their children to state-run schools, and people who do blue-collar jobs encourage their children to get a good education and to become lawyers, doctors, and so forth.

2 和訳 ▶p.123　　　　　　　　　　　◀)) 69

Rio de Janeiro is probably the first place that everyone thinks of if asked to name a city in Brazil, but did you know where the name came from?

Rio de Janeiro, which literally translates in English to "January River," despite not having a river there, was the result of a mistake by Portuguese explorer Gaspar de Lemos. Lemos left Portugal in 1501 on an expedition and arrived at a huge bay in Brazil, known nowadays as Guanabara Bay, the following January.

Mistakenly thinking the bay was the mouth of a river, he decided to call the area Rio de Janeiro after the month he arrived there.

A few decades on in 1555, a French colony settled in the bay, the first Europeans to become rooted there. The 500 colonists made a small town on one of the islands in Guanabara Bay and named it Antarctic France. However, the Portuguese returned, removed the French and founded the city São Sebastião do Rio de Janeiro in 1565.

Nowadays there's a nickname for those who come from Rio de Janeiro, *Cariocas*, which is a native word. Before the Portuguese settled in Rio, the area was occupied by several tribes such as Carijo, Maxakali, Botocudo, and Tupi. The word *Carioca* originally comes from *Kara'i oka*, a word from the Tupi language. There are two theories behind this term. The first is that it means "House of Carijo." The second theory, which tends to be more widely accepted as fact, is that it means "House of the White Man."

3 和訳 ▶ pp.126, 129　　　　　　　　　　　　　　◀ ») 70

Gray wolf populations were already in decline when Yellowstone National Park was created in 1872. The opening of the park didn't help protect wolves. Officially, the last wolves in Yellowstone were killed in 1926. After that time, occasional reports of wolves still occurred, but scientists confirmed that sustainable wolf populations had been abolished and were absent from Yellowstone during the mid-1900s.

Once the wolves were gone, the population of the elk, a large North American deer which wolves prey on, began to rise, and the ecosystem of Yellowstone declined drastically because they grazed on too many plant species. The park service started trapping and moving the elk and, when that was not effective, killing them. Elk control prevented further decay of the range, but didn't improve the environment overall.

At times, people would mention bringing wolves back to Yellowstone to help control the elk population. After many arguments, the government began to reintroduce wolves from Canada in 1995. The wolves increased in number smoothly at first, yet as of now there are about 100 wolves living in Yellowstone. It is reported that the wolf reintroduction has had important impacts on biodiversity in

Yellowstone.

Let's take a look at the graph concerning the wolf population in Yellowstone National Park. In the several years following the wolf reintroduction, the population grew rapidly. However, the population hasn't been stable. From time to time, disease kills a number of pups and old adults. So, what can we learn from all this and the graph?

第4章練習問題1問4："You Make Your Own Luck" by Alan Bellows, from *Damn Interesting*, 3 April 2006. Used by permission.

第6章練習問題1：Reproduced by permission of Oxford University Press from *Oxford Guide to British and American Culture* by Jonathan Crowther © Oxford University Press 1999.

第6章練習問題2："How Did Rio De Janeiro Get Its Name?" by Sarah Brown, from *Culture Trip*, 4 November 2016. Used by permission. Culture Trip @ www. theculturetrip. com